Dätwyler, Eppler, Riedel

Die Bombe, die Macht und die Schildkröte

D1872363

VV

Philippe Dätwyler
Erhard Eppler *Ingrid Riedel*

Die Bombe, die Macht und die Schildkröte

Ein Ausweg aus der Risikogesellschaft?

Walter-Verlag
Olten und Freiburg im Breisgau

Alle Rechte vorbehalten
© Walter-Verlag AG, Olten 1991
Satz: Jung SatzCentrum, Lahnau
Druck und Einband: Grafische Betriebe
des Walter-Verlages
Printed in Switzerland
ISBN 3-530-14086-4

Inhalt

Philippe Dätwyler
Die Bombe in uns

Der Traum von der Vervollkommnung

Nach einer langen politischen Eiszeit ist in der Welt einiges in Bewegung geraten. Diktatoren wurden entmachtet. Feindbilder wurden abgebaut. Mauern wurden geschleift.
Das Jahr 1989 wird wie 1789 und 1848 in die Geschichte der Revolutionen eingehen. Osteuropa hat seine Fesseln gesprengt und dem Gespenst des Kommunismus abgeschworen. Die Auswirkungen dieser Umwälzungen sind nicht zu unterschätzen. Die Chancen, dadurch eine friedlichere und gerechtere Welt zu erreichen, sind dadurch ohne Zweifel gestiegen.
Aufatmen darum. Fast rundherum. Vor allem aber auf den Logeplätzen der nördlichen Welt.
Nur auf der südlichen Halbkugel konstatiert man noch einen gewissen Vorbehalt. Aber der wird sich legen. Denn Optimismus ist heute angesagt.
Megatrendforscher John Naisbitt verspricht den Managern aller Länder eine neue Blüte der Weltwirtschaft und – ach wie nett – die Renaissance der schönen Künste.[1]
Der stellvertretende Planungschef im US-Außenministerium, Francis Fukuyama, diagnostiziert seinerseits nicht nur das Ende des kalten Krieges, sondern gleich das Ende der Geschichte. Mit dem «Triumph der westlichen Idee über alle mit ihr konkurrierenden Ideologien» und der «Universalisierung der liberalen Demokratie als endgültige Form der Regierung des Menschen» ist für Fukuyama – frei nach Hegel – das höchste Ideal erreicht.[2]

Zu hoch gegriffen vielleicht? Immerhin glaubt auch der Friedensforscher Dieter Senghaas heute an die Möglichkeit des «Engelskreises».[3] Dabei stützt er sich auf das alte sozialpsychologische Grundgesetz: «Konfrontation löst weiteres konfrontatives Verhalten aus, und kooperatives Verhalten fördert weitere Kooperation.» Würde dieses Grundgesetz angewendet, glaubt Senghaas, könnte endlich zu einer «Weltinnenpolitik» gefunden werden, die den Frieden langfristig sichert.
No future zieht also nicht mehr. Faustdick wird heute mit Optimismus hausiert. Ja doch, versichern die Konjunkturpropheten allüberall, es geht aufwärts. Die Abrüstungsverhandlungen kommen voran. Ökonomie und Ökologie sind seit kurzem in trautem Gespräch. Und in den Chefetagen der Großbanken wird sogar ernsthaft über einen Schuldenerlaß für die Dritte Welt debattiert. So ist allenthalben zu vernehmen.
Gerne werden diese Communiqués noch etwas garniert – mit den wohlklingenden Zauberformeln, die die Zukunft bedeuten. Perestroika im Osten. EG und EWR im Westen. Darüber das Dach des europäischen Hauses. Darin die neue Ethik der Wirtschaftsbarone. Und das neue, globale Bewußtsein der Politikergarde. Ja, der Fortschritt ist schon fast zwingend herbeigeredet. Mit Mantras aller Art. Bis hin zum Wassermannzeitalter.
Steht es wirklich vor der Tür, das goldene Zeitalter, in dem Frieden und Freiheit sich finden? Kommt die Aufklärung als bürgerlich-emanzipatorische Bewegung nun doch zu ihrem Ziel – zur humanen Gesellschaft, in der die autonomen Individuen kraft ihrer Vernunft sich verwirklichen, ja vervollkommnen können? Ist der alte Traum der Menschen, das Paradies auf Erden zu schaffen, doch in Reichweite gerückt?

Die Vision des Abgrunds

An den Wänden meiner Wohnung lese ich eine andere Botschaft. Auf lichtem, hellem Grün stürzt ein nackter, ausgemergelter

Mann in die Tiefe. Dahinter sieht man ornamentene Kuppeln. Synagoge, Moschee, Minarett? «Der Fall des Rabbi», heißt das Bild (s. Bild 1).
Gleich nebenan ein verwandtes Aquarell: eine geschändete Blume. «Die rote Blume ist im blutenden Himmel gestorben», schrieb der Künstler dazu (s. Bild 2). Und der Bezug ist klar. Das Bild bezieht sich auf Peking. Auf den Juni 1989. Auf das Massaker auf dem Platz des Himmlischen Friedens.
Die beiden Bilder stammen von Jörg Shimon Schuldhess. Schuldhess lebt und malt in Basel. Sein Denken aber sprengt die Grenzen, zielt auf die Welt als Ganzes. Auf die Welt voller Schönheit und Schrecken.
Diese Welt hat ihm zugesetzt. Sie hat ihn gezeichnet. Seine Augen sind schwer. Die Arme tätowiert, voller Insignien. Herz und Leber angeschlagen. Wenn er redet, dann schleppend – aber doch präzise, in der ihm eigenen Mischung aus heiligem Zorn und Melancholie.
Ja, die Welt hat Jörg Shimon Schuldhess gezeichnet. Aber er zeichnet auch sie. Dies ist seine Kunst und sein Programm zugleich. Er ist nicht gewillt, einfach Opfer zu sein. Er ist auch Täter. Mit Feder und Pinsel greift er ein. Und klagt an, wo das Unrecht zum Himmel schreit.
Auf der Suche nach einer geistigen Heimat hat Schuldhess einst zum Judentum konvertiert. Er hat den Sabbat gefeiert, hat koscher gegessen, hat in Israel gelebt – und hat sich wieder abgewandt. Zu groß war seine Empörung 1982. Damals, als die Israeli im Libanon einmarschierten, als die Massaker in den Flüchtlingslagern von Sabra und Shatila passierten, rebellierte sein Innerstes. «David ist zum Goliath geworden», stellte er bitter fest und solidarisierte sich mit den Palästinensern. Aber: Auch da, bei den neuen muslimischen Freunden, begegnete ihm der Mißbrauch der Religion und das Dogma der Macht.
Im Juni 1989 dann erneut eine zerbrochene Hoffnung. Diesmal in Peking, wo Schuldhess Monate zuvor Vorlesungen hielt und eine große Ausstellung hatte. Mit Sympathie verfolgte er den demo-

kratischen Aufbruch, der nun von den Panzerwagen niedergewalzt wurde. Blut floß auf dem Platz des Himmlischen Friedens. Und der Maler fragte bitter: «Was wurde aus Moses, Jesus, Mohammed, Marx und Mao gemacht? Immer und immer wieder wird ihr Vermächtnis geschändet und pervertiert . . .»
So ist Schuldhess zum fundamentalen Skeptiker geworden. Zum Zweifler an Mensch und Natur. «Ich möchte zu jeder Minorität halten», sagt Schuldhess, «da jede Minorität unterdrückt wird. Aber wenn die Minorität selbst die Macht ergreifen kann, dann bin ich sicher, daß diese wieder ihre eigene Minorität schafft. Da sehe ich, daß die Schöpfung gerissen ist . . .»[4]
Der Riß mittendurch. Dies ist eine zentrale Metapher im Denken und Schaffen von Jörg Shimon Schuldhess. Der Riß ist in vielen seiner Bilder enthalten, ist repetitiver Bestandteil all seiner Sujets. Der Riß in der Torarolle zum Beispiel. Oder der Riß durch den Messias am Kreuz. Oder der Riß durch den Elefanten, der mächtig ist und sanftmütig zugleich (s. Bild 3 und 4).
Sein Riß ist eine Metapher für die Erfahrung des Scheiterns. Er ist ein Sinnbild für die schmerzliche Zwiespältigkeit der Schöpfung. Denn nicht nur das Gelingen, nicht nur die Erfüllung scheint in der Schöpfung angelegt zu sein. Auch das Scheitern gehört dazu. Immer wieder. Und immer wieder.
Ein Riß entzweit das Ganze. Und das Paradies, eben noch in Reichweite, zerbricht.
Die meisten Völker haben diese Erfahrung des Zerbrechens denn auch in Mythen gefaßt und von Generation zu Generation weitererzählt. Mit den Mythen wurde versucht, den Fluch des verlorenen Paradieses zu erklären. In der jüdisch-christlichen Tradition hat man nach patriarchalem Strickmuster dem Urweib Eva die Schuld zugeschoben. Beim westafrikanischen Stamm der Yoruba wiederum wird der Riß mit einer Schildkrötengeschichte erklärt:
«Ajapa die Schildkröte, war listiger als alle anderen Tiere, und sie hat alle anderen immer wieder übervorteilt. Doch damit nicht genug – die Schildkröte wollte auch noch weiser sein als Olodumare selbst, der allmächtige Himmelsgott.

Eines Tages schlich sich Ajapa in den Himmel. Sie fand die Kalebasse, in der der Gott die gesamte Weisheit der Welt aufbewahrt hatte. Sie band sich die Kalebasse um den Hals und schlich sich unbemerkt wieder auf die Erde zurück. Als sie ihr Haus schon fast erreicht hatte, stieß sie im Wald auf einen riesigen Baumstamm, der quer über den Weg gefallen war. Immer wieder versuchte sie, über den Baumstamm zu klettern, doch die Kalebasse, die auf ihrer Brust hing, hinderte sie daran. Immer wieder fiel sie vom Baumstamm herab.
Ein kleiner Waldvogel beobachtete dies eine Weile lang. Schließlich fing er an zu spotten: Du dumme Schildkröte! Kommst du denn nicht auf die Idee, daß du dir die Kalebasse auf den Rücken hängen mußt, wenn du über den Baumstamm klettern willst?
Als die Schildkröte ihre Dummheit bemerkte, wurde sie so wütend, daß sie die Kalebasse auf dem Baumstamm zerschmetterte! Seitdem ist die Weisheit in kleinen Teilchen über die ganze Welt verstreut, und es kann einer schon froh sein, wenn er ein ganz kleines Stückchen ergattert . . .»[5]
Eine anschauliche Geschichte des Scheiterns. Und zugleich der Versuch einer Erklärung. Am Anfang stehen Machtgier und Vermessenheit. Am Ende aber bleibt ein Fluch. Ein Fluch, dem nie mehr zu entrinnen ist.
Ein Mythos, der warnen will. Wie die Bilder an der Wand. Wie der Sturz des Rabbi und die geschändete Blume.

Das unfaßbar neue Zeitalter

Tatsächlich haben der Golfkonflikt und die Probleme in der Sowjetunion den unbesorgten mitteleuropäischen Optimismus bereits zu überschatten begonnen. Die Vision einer rißlosen Welt scheint bereits wieder zu verblassen. Fast etwas ernüchtert stellt man fest, daß die anstehenden Probleme zu groß sind, als daß sie gleichsam über Nacht gelöst werden könnten.
Zu unbarmherzig ist der Kapitalismus. Zu verseucht sind Böden

und Meere. Zu verbreitet sind Nationalismus und Fremdenhaß. Zu voll noch sind die Waffenarsenale – als daß man an das bevorstehende Paradies glauben könnte.
So zeigt gerade der Golfkonflikt mit aller Deutlichkeit, daß der Kalte Krieg zwar vorbei, ein neuer ‹heißer› Krieg aber jederzeit möglich ist. Ein Krieg mit internationalen Dimensionen. Ein Krieg mit modernsten Massenvernichtungsmitteln. Vielleicht gar mit Chemie- und Atombomben.
Erhält so die Geschichtsbetrachtung von Günther Anders auf bittere Weise neue Aktualität? Günther Anders beschreibt den 6. August 1945, den Tag von Hiroshima, als den Tag Null einer neuen Zeitrechnung.[6] An diesem Tag, sagt Anders, hat der Mensch seine Unschuld verloren. Um Menschen zu töten, hat er Atome gespalten. Um Menschen zu töten, hat er die Urkraft der Materie entfesselt. Und ist dadurch selber zum Gefesselten geworden.
In seinem 1956 erschienenen, aber heute noch gültigen Buch über ‹Die Antiquiertheit des Menschen› schreibt Anders treffend: «Nicht nur über uns hängt die Bombe; nicht nur über uns Heutigen. Sistiert ist die Bedrohung nie. Sondern immer nur verschoben. Was heute vielleicht vermieden werden wird, kann morgen eintreten. Morgen wird sie über unseren Söhnen hängen, und übermorgen genauso über deren Söhnen. Los wird sie keiner mehr. Wie weit in die Zukunft kommende Geschlechter auch vorstoßen mögen, wo immer sie vor ihr hinfliehen werden, immer wird sie mit ihnen mitfliehen. Ja, ihnen voran, als wiese sie den Weg; als dunkle Wolke, der sie nachziehen.»[7]
Die Bombe als Fluch, dem nie mehr zu entrinnen ist? Und die Bombe als Fanal für die Möglichkeit der totalen globalen Zerstörung?
Diese Gefahr hat sich seit Hiroshima tatsächlich auf fatale Weise vervielfacht. Die Erde ist heute auch mit Chemiewaffen zu verwüsten. Oder mit einer mikrobiologischen Verseuchung. Oder mit dem fortgesetzten Raubbau an der Natur. Oder mit der Zerstörung der Ozonschicht. Kurzum: es ticken heute mehrere Bomben, die den Abgrund bedeuten.

Die Gefahrenpotentiale, die wir in unserer Risikogesellschaft scheinbar sorglos in Kauf nehmen, sind schwindelerregend groß und auf vielfältige Weise ineinander verzahnt; was wiederum heißt, daß die Gefahren weder örtlich noch zeitlich noch sozial eingrenzbar sind. Die Apokalypse ist darum im Ernstfall total.
Ja, die Apokalypse, die früher nur gedacht oder geträumt werden konnte, ist heute machbar geworden. Zum erstenmal in der langen Geschichte der Erde besitzt ein Erdenwesen die technische Kapazität, aus dem grünen Planeten eine tote Wüste zu machen. Zu Recht ist darum von einem neuen Zeitalter zu sprechen, in dem die drängendste Frage die Frage nach dem globalen Überleben ist.
Günther Anders hat diesen apokalyptischen Fluch, der uns heute begleitet, in seiner schrecklichen Dimension zu beschreiben versucht. Dabei ist ihm allerdings bewußt geworden, daß dieser Fluch in seiner ganzen Dramatik letztlich nicht zu begreifen ist, denn der Fluch und seine Folgen übersteigen unser Fassungsvermögen.
Den Tod eines Menschen oder eines Tieres können wir vielleicht noch fassen. Da können wir uns noch einfühlen und mitleiden. Beim Ende der Welt ist unser Vorstellungsvermögen aber hoffnungslos überfordert. «Schon die Todesangst von zehn Menschen nachzufühlen, ist uns zu viel», sagt Anders. «Vor dem Gedanken der Apokalypse aber streikt die Seele. Der Gedanke bleibt ein Wort.»[8]
Die Angst, die Menge an Angst, die wir vor der totalen Apokalypse haben müßten, bringen wir nicht auf, sagt Anders und bezeichnet uns in diesem Zusammenhang als ‹Analphabeten der Angst›.
Ja, wir sind uns selber zu groß geworden. Unser technisches Können ist ins Unermeßliche gewachsen, die Kapazität unserer Herzen aber ist gleich geblieben. Die Folge davon ist eine fatale ‹Apokalypseblindheit›, wie Anders dies nennt. Wir sehen die Dimensionen des drohenden Untergangs nicht, weil sie unser Vorstellungsvermögen übersteigen und unser Herz zu klein ist, die immense Größe des Schreckens zu fassen.

Um diese emotionale Kleinheit, ja Beschränktheit zu sprengen, fordert Anders provokativ: «Ängstige deinen Nächsten wie dich selbst.»[9] Ein Imperativ, der zum Gebot der Nächstenliebe vielleicht nur vordergründig in Widerspruch steht. Auf paradoxe Weise gehören die beiden Gebote heute vielleicht zusammen.
Aus solcherart Überlegung heraus wäre es jedenfalls ratsam, apokalyptische Warnungen nicht einfach als Miesmacherei abzutun, sondern vorerst einmal hinzuhören und hinzusehen. Vielleicht haben die Schwarzmaler des Abgrunds die wichtige Funktion, unserer begrenzten Phantasie Nachhilfestunden zu erteilen und uns aufzuzeigen, was heute alles auf dem Spiele steht.

Die Pflege der Immunität

Die Augen aufzumachen ist aber beileibe nicht einfach. Da wir uns beim nüchternen Betrachten dieser Welt oft klein und ohnmächtig fühlen, versuchen wir immer wieder, uns emotional abzuschirmen, uns zu immunisieren. Um diese emotionale Immunität zu erreichen, haben wir eine ganze Anzahl unterschiedlicher Verdrängungsmechanismen entwickelt.
Da gibt es noch immer den homo faber, den Macher-Typ. Dieser ist vorwiegend in den Kadern von Industrie und Wissenschaft zu finden. In diesen Etagen kümmert man sich vornehmlich um die Gewinnmaximierung des eigenen Betriebes. Nur ab und zu fragt man auch nach den Zukunftsaussichten für den Rest der Welt. Allein, auch da ist der Macher optimistisch. Die Zukunft ist machbar, sagen die Macher, die nicht zuletzt so heißen,weil sie die Macht haben, etwas zu machen. Nein, vollends blind, sind sie nicht, die Macher. Viele von ihnen haben die Gefahren mittlerweile erkannt. Probleme sind aber da, um überwunden zu werden, beschwichtigen sie uns schulterklopfend. Probleme sind eine Herausforderung: Mit innovativem Management werden wir sie in den Griff bekommen, heißt es dann etwa.
Und so gehen sie an ihre Reißbretter und Computerdesks und

entwerfen Zukunftsszenarios mit Kosten-Nutzen-Analysen. Und glauben unerschütterlich an den Fortschritt, ohne nur ein einziges Mal die Frage zu stellen: Wieviel Fortschritt und welchen Fortschritt braucht der Mensch?
Mit Umkehr-Rufen können diese Herren denn auch wenig anfangen, wenn sie auch eingestehen, daß gewisse Kurskorrekturen zu erfolgen haben. Das Ganze ist für sie aber kein Zielproblem – das Ziel ist unantastbar –, das Ganze ist nur ein Steuerungsproblem. Der Philosoph Hermann Lübbe umschreibt dies folgendermaßen:
«Die Krise unserer Zivilisation ist nicht eine Zielkrise, vielmehr eine Steuerungskrise. Zur Veranschaulichung dieses Unterschieds ist die Autoreisemetapher geeignet: Der Fehler dessen, der sehr schnell fuhr und gerade deswegen nicht ans Ziel kam, war ja nicht, kein vernünftiges Reiseziel zu haben; der Fehler war vielmehr, sein Fahrverhalten den gegebenen Steuerungskapazitäten nicht rechtzeitig genug angepaßt zu haben. Fahrmoral ist insofern durchaus mit im Spiel. Aber moralisierende Planer alternativer Lebensziele werden nicht benötigt, wohl hingegen, nachdem man nun einmal ins Schleudern geraten ist, Steuerungsexperten.»[10]
Eine kleine, aber schöne Illustration der Macher-Philosophie mit ihrem technokratischen Credo.
Neben dem Macher gibt es den Heilsplan-Gläubigen. Für ihn sind die apokalyptischen Dimensionen unserer Welt kein Grund zum Erschrecken. Vielmehr ein Grund zur Hoffnung. Ein Beweis, daß die in der Bibel angekündigten «Wehen am Ende der Zeit» bereits da sind. Für ihn, den Heilsplan-Gläubigen, ist ein Ende der Zeitachse – anders als beim technologiegläubigen homo faber – durchaus denkbar. Für ihn hat Gott nicht nur den Anfang gesetzt, Gott wird auch das Ende setzen. Die Apokalypse ist allerdings nicht das endgültige Ende, die Apokalypse beinhaltet vielmehr die Offenbarung einer neuen Welt, den Anbruch des Reich Gottes, in dem die Gläubigen belohnt und die Nichtgläubigen bestraft werden.
In dieser Optik wird der Lauf der Welt von einem allmächtigen

Gott gelenkt. Von einem Gott, der am Ende der Zeiten seine Machtfülle offenbart und seinen Heilsplan in die Tat umsetzt.
Tatsächlich: In den apokalyptischen Texten des Alten und Neuen Testaments wird von einer globalen, ja kosmischen Katastrophe gesprochen. Mit drastischen, fast expressionistischen Bildern wird ein großer Umbruch prophezeit. Dieser prophezeite Umbruch hat die Menschen in den vergangenen 2000 Jahren immer wieder beschäftigt und geängstigt. Immer wieder schossen die Spekulationen ins Kraut. Erdbeben, Jahrhundertwenden, Kriege und Seuchen wurden zu Vorboten der Apokalypse erklärt. Vor allem in Sekten und fundamentalistischen Kreisen ist der Endzeitmythos beliebt, denn er hilft, die radikale Abkehr von der ach so sündigen Welt zu begründen. In diesen Kreisen wird die Apokalypse denn nicht nur zuversichtlich erwartet, sie wird geradezu herangesehnt, herangebetet.
Aber nicht nur in fundamentalistischen Kreisen ist der Glaube an einen Heilsplan Gottes verbreitet. Als Relikt hat er sich bei vielen Christen erstaunlich gut gehalten. So hat beispielsweise die im Kloster Fahr lebende Dichterin Silja Walter in einem Radiogespräch ihrem Bruder, dem Schriftsteller Otto F. Walter, zu bedenken gegeben:
«Ich kann die heutige Situation der Welt nicht nur als etwas Katastrophales anschauen, als etwas Zufälliges, das einfach verkehrt gelaufen ist, weil die Geschichte beziehungsweise die Menschheit verkehrt läuft. [...] Das alles ist im Heilsplan angelegt: Die ganze Schöpfung seufzt in Wehen und erwartet, daß die Kindschaft Gottes offenbar wird. Und das bedeutet für uns, daß wir das Kommen erwarten des Herrn, der die ganze Geschichte und Menschheit in Händen hält.»[11]
Der Mythos vom Reich Gottes, vom neuen Paradies, das mit Bestimmtheit kommen wird, ja kommen muß, ist offenbar tief im abendländischen Denken verankert und bietet auf seine Weise Trost. Oder ist es – bei Licht betrachtet – billige Vertröstung? Wie schrieb doch Walter Winkler, Brigadier und Professor für Reaktorphysik an der Universität Bern, in einem Kommentar

zum Film ‹The day after›, der die furchtbare Realität nach einem Atombombeneinsatz zu zeigen versuchte: «Schließlich sollten wir auch unser Vertrauen in die Vorsehung wieder etwas stärken – denn die oberste Kommandostufe liegt nicht in der Macht der Menschen.»[12]

Drittens: Der Zyniker. Im Gegensatz zum Technokraten und dem Heilsplangläubigen ist für den Zyniker das Ende gewiß. Dabei hat er sich nicht einfach damit abgefunden und traurig resigniert, er findet den Gedanken daran sogar tröstlich. Er empfindet dabei eine gewisse Genugtuung. Das Ende der Welt? Warum auch nicht? Dann hat unser Verdruß endlich ein Ende. Die Sinnlosigkeit des menschlichen Treibens wäre endlich aufgehoben.

Das Kokettieren mit dem Ende macht dem Zyniker Spaß. Mit einem diabolischen Lächeln auf dem Gesicht lobt er den Sinn des Untergangs. Salopp predigt er das Nichts. Nur zwischendurch spürt man das wahre Motiv seines gepflegten Zynismus: Melancholie und Bitterkeit. Der Mensch hat ihn enttäuscht. Der Mensch ist nicht das edle und humane Wesen, für das er immer wieder gehalten wird. Die Gattung Mensch ist eine Fehlkonstruktion der Evolution. Ein biologischer Irrtum. Größenwahnsinnig und schwächlich zugleich. Vermessen im Anspruch, die Krone der Schöpfung zu sein.

So wünscht der Zyniker dem Menschen das Ende. Mit Untergangsphantasien rächt der Zyniker seine Verletzungen. Mit morbiden Bildern stimmt er sich auf die kommende Apokalypse ein. Zitat aus dem Buch «Das Untier» – gemeint ist der Mensch – von Ulrich Horstmann: «Der wahre Garten Eden – das ist die Öde. Das Ziel der Geschichte – das ist das verwitternde Ruinenfeld. Der Sinn – das ist der Sand, der durch die Augenhöhlen unter das Schädeldach geblasene, rieselnde Sand.»[13]

Und schließlich eine weitere Variante: Der postmoderne 68iger. Er, der ehemalige Revoluzzer, einst durch die Utopie einer menschlicheren Welt beflügelt, ist heute abgeklärt. Er ist in der Werbung gelandet oder ist vielleicht Chefredakteur geworden. Er hat sich arrangiert und hat es zu etwas gebracht. Dumm war er ja auch damals nicht. Nur seine Seelenlage hat sich unterdessen etwas geändert: Aus dem modernen Utopisten ist ein postmoderner Pragmatiker geworden. Heute bekennt er sich zu keiner Lehre, zu keinem Dogma mehr. Allen Rezepten mißtraut er. Denn alle Rezepte können mißbraucht werden. Bezüglich Apokalypse ist er darum eher ein Pessimist.

Aber – und das ist entscheidend: Im Privaten hat er gelernt, ein Optimist zu sein. Ja, er hat sich geradezu zum Bonvivant entwikkelt. Er geht viel auf Reisen, geht gerne Essen, trinkt nur noch teure Weine, und er hat erst kürzlich bei einem befreundeten Schneider einen Maßanzug in Auftrag gegeben. «Kultur» ist sein Lieblings- und Schlüsselwort geworden. Das Wort «Politik» hingegen spricht er nur noch selten – und wenn, dann eher verächtlich – aus. Sein Verhältnis zur Apokalypse ist darum eigentlich keines. Denn seine Welt ist eine private, privatisierte. Hier – im privaten Bereich – zelebriert und genießt er das Leben. Die Schatten des nahenden Todes – die verscheucht er mit Eleganz und Nonchalance. Der Tod kommt noch früh genug, sagt er in solchen Momenten.

Natürlich gibt es noch weitere Typen und Prototypen. Da gibt es den etwas debilen Autopartei-Gänger, der heute den Kopf in den Sand steckt und sich morgen verwundert die Augen reibt. Es gibt den Stammtisch-Philosophen, der mit Sündenbock-Rezepten zu hausieren pflegt. Oder es gibt den Politiker, der meint, mit einigen Verordnungen den krummen Lauf der Welt begradigen zu können. Aber statt eine vollständige Typologie zu erstellen, wäre es vielleicht besser, nach Schuld und Verantwortung zu fragen. Welcher dieser Typen hat unsere Fehlentwicklung zu verantworten?

Im Grundsatz wohl alle. Und doch scheint mir die Schuld der mächtigen Macher am größten zu sein. In ihren Händen ist die Macht kumuliert. Sie könnten darum am ehesten den Lauf der Welt korrigieren. Der Lauf der Welt, unser Schicksal, ist ja nicht fatalistisch vorgegeben. Das Böse geschieht nicht einfach. Das Böse hat immer Namen und Adresse, hat Bertold Brecht einmal treffend gesagt.

Doch bringt die pauschale Zuweisung von Schuld und Versagen kaum weiter. Sinnvoller ist es, nach Hintergründen und Zusammenhängen zu fragen. Und dann die Aussichten zu bedenken.

Im Makrobereich wäre etwa die vielfältige Bedeutung des Ozonlochs zu beachten. Denn die zunehmende Ausdünnung der Luftschichten über der Antarktis ist nicht nur klimatologisch bedeutsam. Das drohende Himmelsloch könnte uns – gleichsam klimamythologisch – auch Auskünfte geben über unser entfremdetes Denken von Himmel und Erde und unsere Selbstdefinition im Kosmos.

Im Mikrobereich wäre die Genom-Analyse unter die Lupe zu nehmen, denn das Entziffern des Erbgutes von Pflanzen, Tieren und Menschen bedeutet eine weitere fatale Weichenstellung für die Zukunft. An der Gentechnologie könnte exemplarisch aufgezeigt werden, wie im Namen des Fortschritts letzte Tabus gebrochen werden.

Als Weichenstellung für die Jahrtausendwende kann auch die neueste Entwicklung im Informatikbereich bezeichnet werden: die Konstruktion ‹künstlicher Intelligenz›. Während die Gentechnologen auf dem besten Weg sind, die konstituierenden Faktoren unserer Individualität zu enthüllen und bald auch zu manipulieren, sind die Neurologen und die Informatiker daran, das Geheimnis der Intelligenz zu lüften. Künstliche Gehirne, sogenannte neuronale Netze, können den fehlbaren Menschen schon bald einmal ersetzen. Der Computer wäre dann – endlich – der perfektionierte Mensch.

In der folgenden Betrachtung möchte ich allerdings auf die Bombe eingehen. Genauer: auf die Atombombe, die von den Japanern nach Hiroshima und Nagasaki «Urkind» genannt wurde.[14] Diese Bezeichnung ist treffend, denn die Bombe beinhaltet einen Umschlagpunkt: Die Bombe ist das Endprodukt einer alten Geschichte und der Anfang einer neuen Zeit.

Mein Interesse gilt dabei vor allem dem Geist, der in der Bombe steckt. Ja, ich gehe hier einmal unbefangen davon aus, daß die Bombe «nur» der Ausdruck eines Geistes ist, der bereits vor seiner Materialisierung sein Unwesen trieb. Diesem Geist versuche ich im folgenden auf die Spur zu kommen – mit drei Thesen.

Die späte Rache der Natur

In der ersten These geht es um den Bezug der Bombe zur Natur, denn sie besagt: Die Bombe ist die Antwort der Natur auf die Vergewaltigung durch den Menschen.
Betrachten wir, zur Inspiration, für einen Moment eine amerikanische Mittelstreckenrakete, eine PERSHING II (s. Bild 5). Aus technischer Sicht durchaus ein kleines Wunderwerk. Ein perfektioniertes, künstliches Gebilde. Hineinragend in den offenen Horizont. High Tech inmitten von Natur.
Bedenken wir den Inhalt einer solchen Rakete allerdings etwas genauer und betrachten dann auch den Inhalt der Sprengköpfe, merken wir bald, daß eingesperrt im technischen Monstrum ja wiederum die Natur zu finden ist. Die Naturelemente Wasserstoff, Uran oder Plutonium. Die atomaren Kerne dieser Elemente werden bei einer Zündung der Bombe zuerst verschmolzen und dann gespalten. Auf diese Weise, durch die Spaltung der Natur, entsteht eine unvorstellbare Energieexplosion. Aus wenigen Kilos werden Megatonnen. Ein Höllenfeuer von mehreren Millionen Grad Celsius. Bei der Explosion einer kleineren Bombe entzündet sich ein Blatt Papier selbst bei einer Entfernung von 15 km. Der Hitzeschock erzeugt seinerseits eine Druckwelle, die alle Hindernisse und Gebäude im Umkreis von 50 Quadratkilometern zerstört. Aber schlimmer noch ist dann der radioaktive Niederschlag. Die radioaktiven Staubpartikel, die durch das Einatmen und durch die Nahrungskette in die Zellen der Lebewesen gelangen, verursachen unabsehbare biologische und genetische Schäden. Die Langzeitwirkung der radioaktiven Verseuchung ist mittlerweile auf traurige Weise bekannt.
Alljährlich am 6. August rufen die dumpfen Klänge einer buddhistischen Friedensglocke in Hiroshima zum Gedenken auf. Und im

großen Stadtpark, dem damaligen Zentrum des Infernos, werden die Namen der weiteren Toten bekanntgegeben. 167243 Tote sind es mittlerweile.
Bei allem Schrecken ist dabei zu bedenken, daß die Bombe von damals vergleichsweise klein war. Die Sprengkraft der heutigen Bomben ist bis zu 2000mal größer. Aber was heißt das schon? Wir können diese Zahlen mit Betroffenheit zur Kenntnis nehmen. Begreifen aber können wir sie nicht. Sie übersteigen unsere Kapazität an Phantasie und Gefühlen.
Genauso überfordert sind wir, die wahrscheinlich schrecklichste Wirkung eines atomaren Schlagabtausches zu ermessen – den nuklearen Winter.[15] Mit Computersimulation konnte 1983 erstmals aufgezeigt werden, wie dramatisch sich das Weltklima nach einem Atomkrieg verändern würde. Durch die immense Ruß- und Staubbildung in der Atmosphäre würde das Sonnenlicht die Erde über Monate kaum mehr erreichen. Der Tag würde zur Nacht. Die Temperaturen würden bis zu 13° Celsius fallen. In der eisigen Kälte eines nuklearen Winters würde die Nahrungsmittelproduktion zusammenbrechen. Und die Menschen würden verhungern.
Wären nach Monaten Ruß und Staub wieder aus der Atmosphäre verschwunden, hätten die wenigen Überlebenden mit einem neuen, bösartigen Sonnenlicht zu rechnen. Durch die weitgehende Zerstörung des schützenden Ozonschildes erreichten die gefährlichen UV-Strahlen der Sonne ungehindert die Erde. Die Folge: sich seuchenartig ausbreitender Hautkrebs.
Aber kehren wir vom Horrorszenario nochmals zum Bild der Bombe zurück. Zum Bild der eingesperrten Natur und der damit verbundenen Metaphorik.
Bis ins Mittelalter hinein war der Mensch ein Bestandteil der Natur. Er war umgeben von der Natur. Um ihn herum gab es ungerodete Wälder, wilde Tiere und ungezähmte Flüsse. Die Natur dominierte den Menschen und wenn der Mensch die Natur auch zu kultivieren begann: die Natur war stärker. Die vier Jahreszeiten prägten das Wohnen und Arbeiten. Und die Nacht wurde wirklich

als Nacht erlebt und nicht mit Kunstlicht zur Verlängerung des Tages gemacht.
Der Mensch war eingebettet in den Wechsel der Natur, und die Natur war ihm dadurch vertraut und nah. Bestimmt hat er dies nicht nur positiv empfunden, denn er erlebte ja auch die Launen und die Unbarmherzigkeit der Natur: Wolkenbrüche, Erdbeben, Dürrezeiten, aber auch Krankheiten, Seuchen, die Syphilis, die Pest. Natur hieß nicht nur Leben, Natur hieß auch Tod.
Dieses Verhältnis des Menschen zur Natur hat sich beim Übergang des Mittelalters zur Neuzeit radikal verändert. Durch die Etablierung des Geldhandels wurde der Naturalhandel vollends beseitigt. Durch die aufkommenden Naturwissenschaften wurde die Natur analysiert und erklärt und dadurch entzaubert. Durch die technische Revolution, anfangs durch einfache Maschinen, später durch Motoren, konnte die Natur schließlich besser genutzt und ausgebeutet werden. Und auf der geistigen Ebene kam dann noch die Aufklärung dazu, die die Herrschaft des Menschen über die Natur moralisch rechtfertigte und den Menschen definitiv zum Maß aller Dinge machte.
So haben sich die Zeiten geändert. Der Mensch ist heute nicht mehr umgeben von der umfassenden Natur. Er wird nicht mehr gehalten von ihr. Es ist vielmehr umgekehrt: Der Mensch umgibt die Natur. Der Mensch hat sich die Natur angeeignet. Er versteht sich als ihr Besitzer und hält sie in den Händen. Er hat sie gebändigt, domestiziert. Er hat sie fügbar, verfügbar gemacht. Und wo die alte Wildheit und Unberechenbarkeit der Natur sich doch noch bemerkbar macht, baut man eine große Mauer darum herum. Man verbannt so die Bedrohung. Und bannt so ihre Kraft.
Der Psychologe Wolfgang Giegerich hat diesen Mechanismus anschaulich beschrieben.[16] Er analysiert zum Beispiel den Zoo als ein solches Ghetto in unserer modernen Welt. Die wilden Tiere, die einst den Menschen umgaben, leben heute hinter Mauern, gebannt. Der Zoo ist auf diese Weise ein Symbol für die Zähmung der Natur. Der Zoo ist eine künstliche Insel der Wildheit, ein eingezäunter Überrest archaischer Natur.

Man könnte auch die Erfindung der Irrenanstalt unter diesem Aspekt betrachten. Auch die Irrenanstalt ist eine Insel. Eine Insel des unberechenbaren Wahnsinns. Umgeben von einer hohen Mauer. Einer Mauer, die die Rationalität der sogenannten Normalen vor der Wildnis der Irren schützen soll.
Ganz ähnlich ist auch die gesellschaftliche Funktion von Altersheimen. Auch Altersheime sind Inseln. Es sind Schatteninseln, auf denen dem Tod der Zutritt erlaubt wird. Verbannt hinter die Mauern des Heimes, wirkt der Tod, dieser wilde Geselle, schon fast gezähmt und diszipliniert. Zumindest ist er berechenbar geworden.
Und nun: kommen wir wieder zur Bombe zurück. Denn wir können uns fragen, ob nicht auch die Bombe ähnlich gedeutet werden könnte. Hat da der Mensch nicht die Wildnis der Natur, ihr ganzes Zerstörungspotential, in den Stahlmantel einer Rakete eingesperrt? Hat er nicht die Urkraft der Natur komprimiert in eine Flasche gefüllt? Und droht jetzt damit. Droht damit, sie im Konfliktfall herauszulassen. Auf daß sie frei ihre archaische Gewalt verbreite.
Wenn man diese historische Entwicklung überblickt, erscheint sie in sich durchaus logisch. Der Mensch hat dank seiner Intelligenz das Gesicht dieser Erde radikal verändert. Bestimmt hat sich das Schicksal der Menschen dadurch in vielen Gebieten zum Besseren gewendet. Diese Entwicklung ist heute allerdings an einem Punkt angelangt, bei dem der scheinbar unaufhaltsame Fortschritt umzuschlagen droht, denn es ist heute zum erstenmal möglich, die Erde vom Atomzeitalter ins Steinzeitalter zurückzubomben. Die Sicherheitsdoktrin, die Natur einzusperren, ist zur Unsicherheitsdoktrin geworden. Der Dompteur, der die Atome zähmte, wird heute von ihnen bedroht. Und die Frage drängt sich auf: Wer hält wen in der Hand? Der Mensch die Bombe oder die Bombe den Menschen?

Die Ausgeburt des Patriarchats

Und damit zur zweiten These, die besagt: Die Bombe ist das Produkt des Patriarchats.

Daß die Atomrakete die Form eines Phallus hat, ist in diesem Zusammenhang wohl nicht zufällig, sondern sinnfällig. Schauen wir nochmal hin (s. Bild 6).

Da haben wir ihn: den eregierten Phallus. Selbstbewußt und stolz präsentiert er sich in einem Silo. Allein schon sein Äußeres ist respektabel: auf Hochglanz poliert, unnahbar kalt und hart, gestählt. Stramm und gesichtslos steht sie da, die Rakete – wie ein Phallus, wie ein Mann.

Ja, die Bombe, so behaupte ich, spiegelt letztlich das Haltungsideal der Militärs. Sie spiegelt das Ideal der strammen Stahlgestalt. In Reinform war dieses Ideal im Nationalsozialismus vorhanden. Da wurde die Stahlgestalt des Soldaten zum ästhetischen Körper-Kunstwerk erklärt.[17] Die faschistischen Sturmpioniere von damals repräsentierten Wille, Stärke, Härte und Kälte. Weichheit und Wärme galten als Hochverrat.

Einverstanden, der Faschismus hat vieles pervertiert und ist in seiner Art einmalig. Aber das soldatische Ideal war zu allen Zeiten ähnlich. Immer hatten die Soldaten ihre Gefühle, ihre Ängste, ihre Zweifel oder auch ihre blinde Wut zu zügeln, zu verdrängen. Sie hatten sich zu verhärten, denn nur so – verhärtet – waren sie gute Soldaten, ohne zu fragen, zu allem bereit. Der ehemalige Ausbildungschef der Schweizer Armee, Korpskommandant Roger Mabillard hat diese Logik denn auch ganz unverblümt auf den Punkt gebracht. In einer Rede ließ er seine Untergebenen wissen: «Als Offizier oder ganz einfach als Instruktor steht es Ihnen nicht zu, die Entscheide Ihrer Vorgesetzten zu werten oder gar zu kritisieren. Ihre Pflicht ist es, sie durchzusetzen.»[18]

Der stramme Gehorsam. Und die stramme Stahlgestalt. Wie die Bombe im Silo, allzeit bereit?

Tatsächlich: Unter dem Aspekt der Aggression könnte man durchaus von einer inneren Verwandtschaft sprechen.

Ein Blick hinter die Kulissen der Bombenstrategen bestätigt diese Annahme auf frappierende Weise. Die amerikanische Psychologin Carol Cohn hat dies unlängst dokumentiert. Sie hatte die Gelegenheit, ein Jahr lang Einblick in ein Universitätszentrum für Rüstungstechnologie und Rüstungskontrolle zu erhalten. Dabei hat sie vor allem die ‹techno-strategische Sprache› der Experten analysiert.[19] Ihre Bilanz: Die Sprache der Rüstungsexperten ist zwar kühl und abstrakt, aber doch vielfach mit religiöser und vor allem sexistischer Symbolik durchsetzt. Ohne Hemmungen wurde da geredet von spasmischen Angriffen und orgasmischem Knall, von vertikal aufgerichteten Startgeräten («vertical erector launchers») und tiefem Eindringen («deep penetration»). Üblich war auch der Begriff «soft lay-downs». Gemeint ist damit, Bomben ‹sanft› abwerfen. In der Umgangssprache bezeichnet ‹lay-down› allerdings ‹eine Frau herumkriegen›.
Ein weiteres Beispiel? Während ihres Studienjahres konnte Carol Cohn auch eine Marinebasis mit Atom-U-Booten besuchen. Mit breitem Grinsen, ganz der patriarchalen Anzüglichkeit verpflichtet, erkundigte sich da der begleitende Offizier, ob sie nicht Lust hätte, die Raketen «zu tätscheln»...
Die Bombe – Inbegriff der Männlichkeit? Dieser Vergleich ist leider nicht an den Haaren herbeigezogen. Er ist keine Unterstellung, kein Produkt vulgärer Symboldeuter. Dies ist vielmehr der offene Ausdruck patriarchaler Selbstbestätigung. In entlarvender und zugleich zynischer Weise wurden die Bomben, die Hiroshima und Nagasaki in Schutt und Asche legten, denn auch «Little Boy» und «Fat Man» genannt.
Schon früher, bei den ersten Testversuchen, war die Sprache der Forscher nach dem gleichen Muster gestrickt. Sich selber sahen die Forscher als große Schöpfer, die Bomben wiederum betrachteten sie als ihre Geschöpfe. Als ihre Nachkommen. Erwünscht waren allerdings nur männliche Kinder. Ein Mädchen war nach sexistischer Logik ein mißlungener Test. Nach dem erfolgreichen Test der Wasserstoffbombe telegraphierte Eduard Teller hingegen nach Los Alamos: «Mike, es ist ein Junge!»

Der Mann, der Phallus, die Bombe. Bei Licht betrachtet eine eher traurige Verwandtschaft. Es waren Männer, die die Kriege führten. Es waren Männer, die die Bombe schufen. Und es sind Männer, die im Bett eine phallische Kultur pflegen, die nach dem kriegerischen Muster der Eroberung funktioniert. Und der gemeinsame Nenner dabei ist die Frage der Macht.
Während in den alten Stammeskulturen die Macht gleichmäßig, egalitär, verteilt war, haben die Männer im Übergang zu den Hochkulturen die Macht an sich gerissen und eine lange, blutige Geschichte des Patriarchats und der Klassengesellschaften initiiert. Das patriarchale Denken hat sich in der Folge über die Jahrhunderte tief in die Seelen der Menschen eingegraben. Und so setzen sich auch heute die patriarchalen Werte immer wieder durch. Im Elternhaus. In der Schule. Im Militär. In der Arbeitswelt. In der Kulturszene. Und auch in der Religion.
Sehr gerafft und vereinfacht wäre das patriarchale Denken vielleicht folgendermaßen zu charakterisieren: Mann sein ist wertvoller als Frau sein. Erobern ist wertvoller als sich bescheiden. Bekriegen ist wertvoller als befrieden. Zuschlagen ist wertvoller als einstecken. Besitzen ist wertvoller als betrachten. Rivalisieren ist wertvoller als sich zusammenschließen. Multiplizieren ist wertvoller als teilen. Befehlen ist wertvoller als dienen. Laut sein ist wertvoller als still sein. Auf die Zähne beißen ist wertvoller als weinen. Rechnen ist wertvoller als träumen. Arbeiten ist wertvoller als spielen. Haben ist wertvoller als sein.
Ein Denkmuster, ein Paradigma, mit fatalen Folgen: Diese Wertordnung förderte und legitimierte die Unterdrückung der Frau, die Ausbeutung der Sklaven, die Eroberung ganzer Kontinente und letztlich auch die Zerstörung der Natur. Der weiße, mächtige, potente Mann wurde zur Krone der Schöpfung erklärt. Er war es dann auch, der die Geschichte prägte, ja eigentlich die Geschichte schrieb. Zwar haben seine Gesichter, seine Rollen gewechselt; aber immer – sei es als römischer Großgrundbesitzer oder germanischer Feldherr, als italienischer Papst oder französischer Casanova, als lombardischer Bankdirektor oder als spanischer Koloni-

sator, als deutscher Häusermakler oder als schweizerischer Waffenexporteur – immer wieder erlag er der Versuchung der Macht. Aber damit nicht genug. Spätestens seit dem Ende des Mittelalters will er noch mehr: Er träumt von der Allmacht.
Horst Eberhard Richter hat dies in seinem Buch «Der Gotteskomplex»[20] brillant analysiert: Die Krise der Gegenwart ist die Krise der maßlosen Selbstüberschätzung des Menschen. In der Medizin, in der Biologie, in der Physik, überall versucht der Mensch, über sich hinaus zu wachsen, die Urformel des Lebens zu finden und schließlich selber Schöpfer zu spielen. In diesem Drang, allmächtig zu werden, verdrängt er seine ganze Schwachheit und Vergänglichkeit. Er kann nicht mehr verlieren, kann nicht mehr weinen, kann nicht mehr sterben. Vielmehr versucht er mit allen Mitteln stark zu bleiben, unnahbar und unverletzlich. Womit wir wieder bei der Bombe wären, denn die Bombe ist heute der perfekteste Ausdruck des Wunsches nach Stärke und Allmacht. Exakt die Bombe führt uns aber auch die Fragwürdigkeit dieses Wunsches vor Augen. Die Bombe offenbart den Bankrott und die Inhumanität dieses Denkens.
Dieses Denken hat in der Römerzeit zum Motto geführt: «Wenn du den Frieden willst, bereite den Krieg.» Wahrscheinlich war dieses Motto schon damals eine pure Rechtfertigung der Mächtigen, ihre Macht noch ungehemmter und skrupelloser auszubauen. Aber selbst wenn es früher, unter bestimmten Bedingungen, eine gewisse Rechtfertigung der Gewalt gab und der Mensch im Überlebenskampf eine gesunde Aggression brauchte: das Zücken der Waffe, dieser alte Macho-Reflex, ist heute nicht nur problematisch, er ist geradezu lebensgefährlich geworden. Wer heute, im Zeitalter der Massenvernichtungsmittel, losschlägt, riskiert den Untergang aller.
Die bange Frage lautet darum: Wird sich die Menschheit unter dem Damoklesschwert der atomaren Apokalypse besinnen und Friedfertigkeit höher bewerten als Aggression. Der Psychiater und Neurologe Hoimar von Ditfurth ist pessimistisch: Er glaubt, daß die Menschen im historischen Überlebenskampf die Aggressi-

vität so verinnerlicht haben, daß sie inzwischen zu einer genetisch fixierten Verhaltensweise geworden ist, aus der wir uns nicht mehr lösen können. Die Selbstzerstörung der Gattung Mensch ist darum vorprogrammiert, glaubt Ditfurth. Der Titel seines letzten Buches heißt darum, das bekannte Lutherwort abwandelnd: «So laßt uns denn ein Apfelbäumchen pflanzen – Es ist soweit.»[21]

Die Liquidierung des Heiligen

Die dritte These besagt: Die Bombe ist das Resultat der Profanierung der Natur.

Bei dieser dritten These geht es um unser Gottesbild. Oder etwas salopp ausgedrückt: Es geht um die theologische Geographie. Es geht um die Frage: Wo hockt Gott?

Beim lockeren Assoziieren, was die Bombe denn mit Gott zu tun haben könnte, bin ich zuerst auf einen sehr formalen Aspekt gestoßen. Auf die Vertikale der emporsteigenden Atomrakete. Die Vertikale, vor allem auch die Vertikale des Kreuzes, wird in der theologischen Symbolsprache oft als die transzendente Dimension bezeichnet. Die Vertikale verweist auf den Himmel, auf Gott. Die Horizontale hingegen auf die Menschen.

Nach solchem Deutungsmuster wäre die Bombe denn zu befragen nach ihrer Transzendenz. Oder noch ein Schritt weiter: nach ihrer Göttlichkeit. Denn hat sich die Bombe mit ihrer Himmelsstürmerei nicht gar zum Gott gemacht?

Bestimmt. Wenn wir vor ihr etwas länger verharren und wir sie in ihrer Potenz und Selbstgefälligkeit etwas näher betrachten, so vernehmen wir ihren Anspruch: «Was soll ich auf einen himmlischen Vater verweisen? Ich selber besitze himmlische Kräfte. *Ich* bin der Gott, euer Beschützer und Bewahrer. Mir sollt ihr vertrauen.»

Offensichtlich sagt die Bombe dies nicht ohne Erfolg. Der Bombe wird geglaubt. Und nicht nur das. Dem bombigen Sicherheitsgott wird feierlich gehuldigt. Was sind denn all die Militärparaden und Defilees anderes als parareligiöse Prozessionen? Und die Rü-

stungsausgaben sind die Opfer, die dem Bombengott gebracht werden?
Wenn man die energetische Macht der Bombe bedenkt, ist man tatsächlich versucht, von ‹himmlischen Kräften› zu sprechen. Oder präziser vielleicht von ‹höllischen Mächten›? Diejenigen, die die Bombe nicht nur bedacht, sondern in ihrer Wirkung in Hiroshima und Nagasaki erlebt haben, können diese Hölle bezeugen. Im erschütternden Buch ‹Seit jenem Tag›[22] sind die Erinnerungen an den apokalyptischen Schrecken von damals zusammengefaßt. Japanische Atombombenopfer versuchen in diesem Buch das unfaßbare Grauen in Worte zu fassen.
An dieser Stelle möchte ich allerdings von anderen Zeugen berichten. Von den Erfindern der Bombe. Von den Nuklearphysikern um Robert Oppenheimer. Von den Leuten, die am 16. Juli 1945, frühmorgens um 5.30 Uhr in der Wüste von New-Mexiko die erste Atombombe zur Explosion brachten (s. Bild 7).
Robert Jungk hat in seinem Buch «Heller als tausend Sonnen» die Reaktionen der verantwortlichen Physiker eindrücklich nacherzählt. Diese Naturwissenschaftler, die zwar gespannt, aber eigentlich doch kühl berechnend an das Experiment herangegangen waren, verloren bei der Explosion der Bombe minutenlang ihre eingeübte Haltung. Im Augenblick der Explosion vergaß jeder, was er sich vorgenommen hatte. Man war starr vor Erschütterung über die Gewalt der Explosion. Oppenheimer schoß eine Stelle aus der Bhagavadgita, dem großen indischen Göttergedicht, durch den Kopf. Aber auch die anderen reagierten ähnlich. Robert Jungk schreibt:
«Alle, auch diejenigen, die sich frei von religiösen Bindungen fühlten, berichteten über dieses Erlebnis in Worten, die aus dem Sprachbereich von Mythos und Theologie stammten. General Farrell zum Beispiel: «Das ganze Land war erhellt von einem versengenden Licht, dessen Stärke viele Male größer war als das der Mittagssonne ... Dreißig Sekunden später kam zuerst die Explosion, der Luftdruck prallte hart gegen die Leute und Dinge, und dann folgte fast unmittelbar ein lautes, anhaltendes, schauerliches

Donnern, wie eine Warnung vor dem Jüngsten Tag, das uns spüren ließ, daß wir winzigen Wesen in blasphemischer Weise wagten, an die Kräfte zu rühren, die bis dahin dem Allmächtigen vorbehalten waren. Worte reichen nicht aus, um denen, die nicht dabei waren, den Eindruck wiederzugeben, den wir körperlich, geistig und seelisch erfuhren. Man muß Zeuge gewesen sein, um es sich vorzustellen.» Und Jungk schreibt weiter: «Selbst ein so kühler Verstandesmensch wie Enrico Fermi, der in den Diskussionen der vergangenen Wochen auf alle Einwände seiner Kollegen gegen die Bombe geantwortet hatte: ‹Laßt mich in Ruhe mit euren Gewissensbissen, das ist doch so schöne Physik!›, war nun tief erschüttert. Er, der sonst niemals jemand anderen an den Volant seines Wagens ließ, bekannte, er sei unfähig, selbst nach Los Alamos zurückzufahren, und nahm neben dem Chauffeur Platz.»[23]
Die Explosion als religiöses Erlebnis? Die Bombe als Gott? Wie konnte es soweit kommen, ist da zu fragen. Und damit kommen wir zur erwähnten Frage der theologischen Geographie.
In den archaischen, animistischen Kulturen wurde Gott vor allem in der Natur erlebt. Die Natur war bevölkert von Geistern und Göttern, die den Menschen halfen oder auch schadeten. Mit magischen Ritualen versuchte man darum, die Geistwesen zu seinen Gunsten zu beeinflussen.
Die religiös aufgeladene Natur war mächtig und voller Tabus, die zu beachten waren. Ein Baum war nicht nur ein Baum, und der Mond war nicht nur der Mond, denn in den Erscheinungen der Natur lebten Wesenheiten, gute und böse Kräfte. In dieser animistischen Optik war selbst ein Stein ein bedeutsames Wesen und hatte eine anima, hatte eine Seele.[24]
Da die Natur grundsätzlich beseelt erlebt wurde, ist man ganz anders mit ihr umgegangen als heute. Man durfte sich an ihr nicht vergreifen. Man mußte sich mit ihr vielmehr befreunden. Nur so war sie günstig zu stimmen.
In der weiteren kulturellen Entwicklung hat sich nun aber das Natur- und Gottesverständnis fundamental gewandelt. Die erste wichtige Rolle spielte dabei die Hinwendung des Judentums zum

Monotheismus, zum Ein-Gott-Glauben, der ja später vom Christentum und vom Islam übernommen wurde. Mit dem Monotheismus wurden Gott und die Natur ein Stück weit auseinandergerissen. Gott wurde zum alleinigen Schöpfer erklärt, zum erhabenen Subjekt. Die Natur hingegen ist nur noch Objekt, von Gott dem Menschen überreicht mit den Worten: «Macht euch die Erde untertan...« Im alttestamentlichen Bericht über den dritten Tag der Schöpfung wird die Veränderung der Einstellung zur Natur ebenfalls deutlich. Am dritten Tag geht es um die Erschaffung von Sonne, Mond und Sternen. Während in den altorientalischen Kulturen die Astrologie blühte und die Gestirne als göttliche Wesen verehrt wurden, werden die Sterne in unserem Schöpfungsbericht lakonisch als «Lampen», als «Leuchten» bezeichnet, die keine weitere Bedeutung hätten, als die Erde zu erhellen.

Der Wandel ist offensichtlich, und er könnte mit vielen anderen Beispielen ergänzt werden. Die früher sakrale Natur wurde entsakralisiert. Die Natur ist nicht mehr heilig – denn allein Gott, dem Einen, gehört die Ehre.

Diese Einstellung wurde in der christlichen Theologie, vor allem durch die griechischen Einflüsse, noch akzentuiert. Dadurch entstand schließlich der fatale Dualismus: Hier unten die sündige Natur, die gefallene Welt – dort oben, in anderer Sphäre, erhaben über Mensch und Natur, Gott, der All-Mächtige.

Dank dieser Spaltung von Gott und Natur war es gegen Ende des Mittelalters ein Leichtes, sich der diesseitigen Natur zu bemächtigen. Der Naturausbeutung standen ja keine moralischen Hindernisse mehr entgegen. Die wissenschaftlich-technische Revolution konnte so ungehemmt ihren Lauf nehmen.

Und der jenseitige Gott? Der wurde unterdessen ohne großen Aufwand als menschliche Projektion entlarvt und somit für tot erklärt. Und nun stehen wir da, wo wir stehen. Natur *und* Gott sind entmystifiziert – allein der Mensch sonnt sich in vermeintlicher Allmacht. In der Hand die Bombe. Als magisches Mittel. Als drohenden Zauberstab. Aber wehe, wenn der Lehrling die Zauberformel spricht...

Die Bombe ist also mehr als die Bombe. Sie ist Sinnbild der instrumentalisierten Natur. Sie ist Ausdruck patriarchaler Machtphilosophie. Und sie ist die Manifestation unserer Vergottung der Technik. Mit anderen Worten: Sie ist der Spiegel unserer Entwicklung. Ein Endprodukt, in dem sich der abendländische Geist verdichtet hat.
Der Spiegelcharakter, den die Bombe hat, ist aber auch eine Chance. Im vorgehaltenen Spiegel werden uns unsere Schwächen und Fehler vielleicht bewußt. Angesichts der Bombe als Spiegel merken wir vielleicht dreierlei. Weil wir gegen die Natur und nicht mit ihr leben, droht sie uns auszulöschen. Weil der Mann die Stärke und Macht glorifiziert, droht uns die Ohnmacht vor der Apokalypse. Weil wir die Technik zum Gott gemacht haben, droht uns der gottlose Untergang.

Renaissance des organischen Weltbildes?

Ich meine wirklich: Die Situation ist ernst. Wenn auch nicht völlig hoffnungslos – sofern ein Umdenken und Umlenken einsetzt. Ein Umdenken aber nach welchen Rezepten? Ein Umlenken in welche Richtung?
Bei der nötigen Neuorientierung ist wohl ganz zentral auf der politischen Ebene anzusetzen. Wer sich heute ernsthaft um unsere Erde Sorgen macht, darf seine Sorgen nicht mehr still mit sich herumtragen. Er muß seine Stimme erheben, sein Gewicht einbringen, auch in die Politik. Erhard Eppler betont im hier folgenden Beitrag zu Recht, daß das neue Bewußtsein – will es zu einer Gegenmacht werden – sich politisch zu artikulieren lernen muß.
Die Politik allein genügt aber nicht. Die Politik bleibt zu oft an der Oberfläche. Zu oft bewegt sie sich auf der Ebene von kurzfristigen Meinungen und Gegenmeinungen. Wenn die Apokalypse aber verhindert werden soll, dann müssen sich viel fundamentaler unsere Haltungen ändern. Unsere Denkmodelle. Unsere Paradigmen. Mit politischen Appellen und Initiativen ist dies aber nur be-

Bild 1: Schuldhess: Der Fall des Rabbi

Bild 2: Schuldhess: Die rote Blume im blutenden Himmel

Bild 3: Schuldhess: Reinkarnalaphant

Bild 4: Schuldhess: Die Missionare

Bild 5: Pershing-II-Rakete

Bild 6: Rakete im Abschußsilo

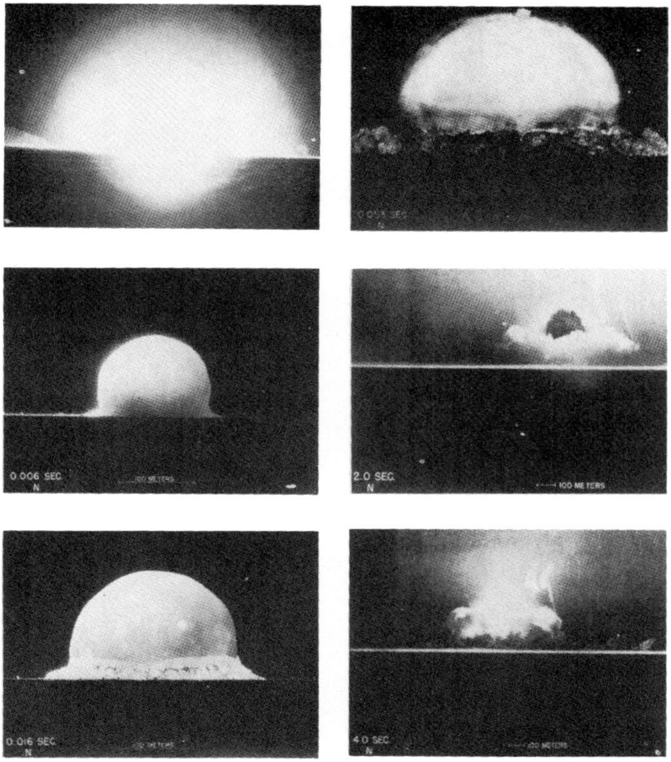

Bild 7: Erste Atombombenexplosion

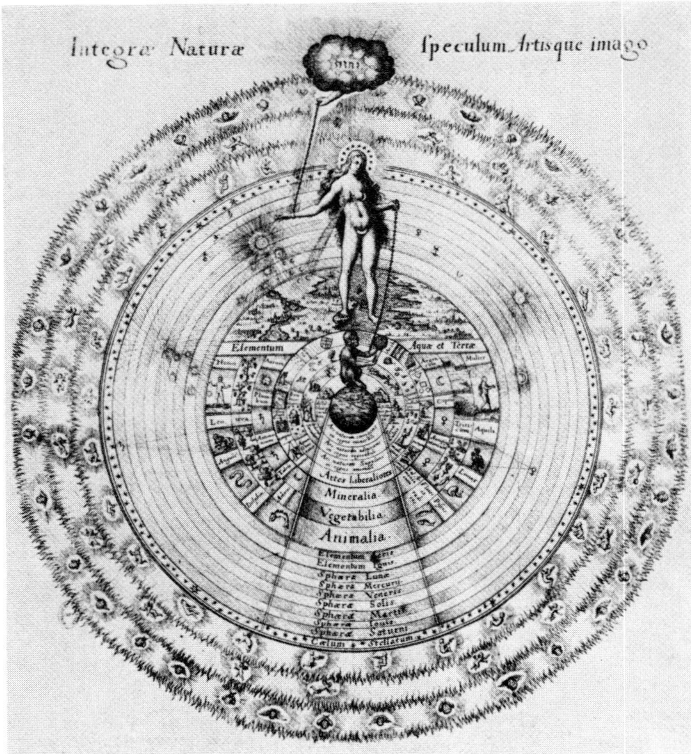

Bild 8: Die weibliche Weltseele

Bild 9: Adler mit Schildkröte 1

Bild 10: Adler mit Schildkröte 2

Bild 11: Im Auge die chemische Formel

Bild 12: Die Neugeburt der Schildkröte

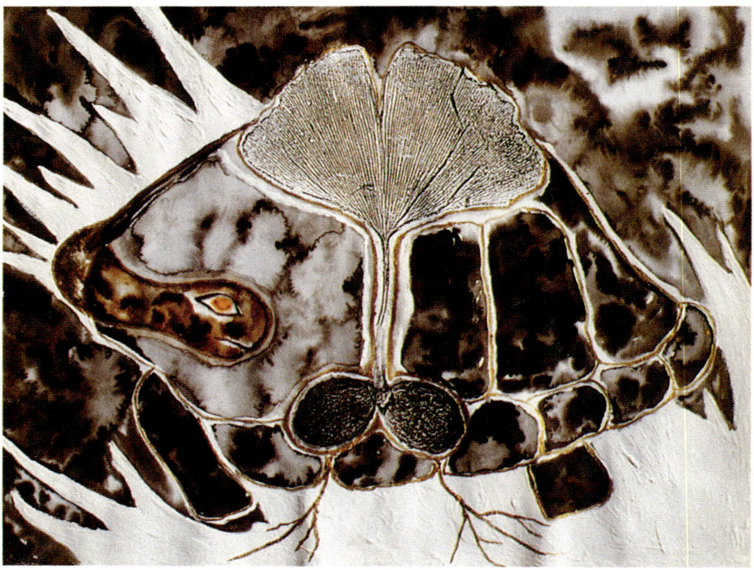

Bild 13: Vereinigung der Gegensätze

grenzt zu erreichen. Vielmehr müßten wir andere ‹Bilder der Seele› finden. Gegenbilder zur Bombe. Bilder, die andere Grundmuster enthalten als das Muster von Macht und Gewalt.

Im dritten Beitrag dieses Buches beschreibt Ingrid Riedel auf anschauliche Weise, wie solch heilende Bilder in unserem Unbewußten schlummern, wie sie durch Traumarbeit oder Imagination bewußt gemacht und als Quelle der Wandlung und Erneuerung genutzt werden können.

Solche Bilder sind allerdings auch in der Außenwelt zu finden, in unserer abendländischen Geschichte wie auch in anderen Kulturen. Denn überall und immer wieder gab es Weise, die in anderen Koordinaten dachten. Einige Beispiele mögen dies illustrieren.

Zuerst ein Beispiel aus dem Bereich der Natur. Es ist das Bild der ‹Mutter Erde.› Dieses Bild ist uns in den letzten Jahren vor allem in Büchern über die indianische Spiritualität begegnet: die Erde, die Natur, verstanden als nahrungsspendende Mutter – Mensch und Tier, die Kreatur, als ihre Kinder. Dieses Bild war in der Naturfrömmigkeit der Indianer sehr zentral. Daß die «Mutter Erde» aber auch in unserer Kultur eine wichtige Rolle spielte, ist hingegen nur wenigen bekannt. Tatsache aber ist, daß sich in Europa die Menschen bis in die Renaissance hinein die Erde mit ihren zyklischen Gesetzen als weibliches Wesen vorgestellt haben. Zu dokumentieren ist dies vor allem am Streit um den Bergbau. Ausgangs des Mittelalters wurde der Bergbau, der nach dem Untergang Roms weitgehend eingestellt worden war, neu angekurbelt. Der Bergbau und seine kommerziellen Interessen waren aber nicht so einfach durchzusetzen, denn im Volk gab es große emotionale Widerstände. Bis in das 16. Jahrhundert hinein wurde die Erde nämlich nicht als tote Materie verstanden, sondern als organisches Wesen mit einer weiblichen Seele. Die Wasseradern der Erde wurden zum Beispiel mit dem menschlichen Blutkreislauf verglichen, und das Innere der Erde wurde als ihr Schoß gesehen, in dem die Metalle und Steine wuchsen (s. Bild 8).

Carolyn Merchant hat dies in ihrer Studie ‹Der Tod der Natur›[25] auf exemplarische Weise dokumentiert und dabei auch die interessanten Parallelen zur Philosophie des Vitalismus aufgezeigt. Die mittelalterlichen Menschen, aber auch die vom Quäkertum beeinflußten Vitalisten um 1700 herum, glaubten, daß alle Dinge auf Erden vom Leben durchdrungen sind. Der Natur war darum mit großer Ehrfurcht zu begegnen. Diese Ehrfurcht wirkte so lange Zeit als Handlungshemmung. Als ökologisches Gewissen sozusagen.

In der aufstrebenden Wirtschaft setzte sich allerdings schnell ein anderes Denken durch. Der Grund ist verständlich. Um die kommerzielle Nutzung der Natur in großem Stil zu betreiben, waren Skrupel vitalistischer Art nur hinderlich. Nötig waren vor allem Leitbilder, die die Nutzung der Natur legitimierten. Gefunden wurden solche Leitbilder denn auch in der Welt der Technik. Das Bild der ‹Mutter Erde› wurde abgelöst durch zwei moderne, technische Metaphern: durch Uhr und Maschine. Das organische Weltbild wandelte sich zum mechanischen.

Die Welt, ja der ganze Kosmos, wurde nun als große Maschine verstanden, als mechanisches Kunstwerk mit vielen Einzelteilchen, deren Kausalzusammenhang wissenschaftlich zu erforschen war. Hemmungen, in diese Maschine einzugreifen, sie auseinanderzunehmen und neu zusammenzusetzen – solche Hemmungen bestanden in der Folge keine mehr. Materie ist tot, befanden die Mechaniker und griffen zu.

Erst heute beginnt man wieder umzudenken. Von Physikern hört man erstaunt, daß Materie und Geist möglicherweise die zwei Seiten desselben «Stoffes» sind. Die Mediziner verweisen darauf, daß die meisten somatischen Leiden psychisch bedingt sind. Und die Biologen betonen ihrerseits die systemischen Vernetzungen allen Lebens.

Tatsächlich: Wir müssen umdenken. Wir müssen noch einmal in die Schule gehen. In die Schule der alten Denker, die schon immer wußten, daß die Erde mehr ist als eine Maschine. Diese Denker sind durchaus auch in unserer eigenen Geschichte zu finden. Auf katholischer Seite wäre allen voran Franz von Assisi zu erwähnen,

und auf evangelischer Seite hat vor allem Albert Schweitzer – nicht zuletzt im Kampf gegen die Atombombe – vehement eine neue «Ehrfurcht vor dem Leben»[26] gefordert.
Allerdings ist die ‹Ehrfurcht vor dem Leben› nicht einfach ein Wert, der einzuklagen oder gar zu dekretieren wäre. ‹Ehrfurcht vor dem Leben› ist vielmehr eine Fähigkeit, die auf einer spezifischen Sensibilität beruht – auf der Sensibilität für den Eigenwert allen Lebens, für die Schönheit und Würde von Steinen, Pflanzen, Tier und Mensch.
Daß einzelne, vor allem künstlerisch begabte Menschen diese Sensibilität besitzen – dies ist bekannt. Beruhigend ist dies trotz alledem nicht. Denn die drängende Frage ist vor allem, ob gesamtgesellschaftlich eine Konstitution gefunden werden kann, die aus innerer Einsicht auf die äußere Machtentfaltung verzichtet. Eine Haltung also, die nicht alles durchdringt und verzweckt, sondern aus einer heiligen Scheu heraus die Bescheidung pflegt. Eine solche Haltung, die Carl Friedrich von Weizsäcker vielleicht etwas spröde ‹asketische Weltkultur› nennt, ist beileibe nicht einfach zu finden. Und Hans Jonas schreibt in seinem ‹Prinzip Verantwortung› zu Recht: «Es ist die Frage, ob wir ohne die Wiederherstellung der Kategorie des Heiligen, die am gründlichsten durch die wissenschaftliche Aufklärung zerstört wurde, eine Ethik haben können, die die extremen Kräfte zügeln kann, die wir heute besitzen und dauernd hinzuerwerben und auszuüben beinahe gezwungen sind.»[27]
Ich glaube, daß wir in diesem Punkt vor allem vom Osten, von Asien lernen könnten. Vom Hinduismus. Vom Buddhismus. Vor allem aber vom chinesisch-taoistischen Denken. Die Natur wurde da nie profaniert und mechanisiert. Die Natur behielt in Asien immer ihre Würde und ihr Geheimnis. Der Mensch begegnet ihr darum anders. Mit einer anderen Haltung.
Daisetz Suzuki beschreibt diese andere Haltung in seinem Buch «Zen-Buddhismus und Psychoanalyse». Er vergleicht dabei zwei Gedichte. In beiden geht es um die Begegnung mit einer Blume. Das erste Gedicht, ein kurzer Dreizeiler, stammt

von Basho, einem großen japanischen Dichter des 17. Jahrhunderts:

«Wenn ich aufmerksam schaue,
seh ich die Nazuna
an der Hecke blühen!»

Das zweite Gedicht, vom englischen Dichter Tennyson, beschreibt eine ähnliche Situation, und doch ist der Unterschied frappant:

«Blume in der geborstenen Mauer,
Ich pflücke dich aus den Mauerritzen,
Mitsamt den Wurzeln halte ich dich in der Hand,
Kleine Blume – doch wenn ich verstehen könnte,
Was du mitsamt den Wurzeln und alles in allem bist,
Wüßte ich, was Gott und Mensch ist.»

Für Suzuki ist der Unterschied zwischen den beiden Gedichten symptomatisch. Er schreibt: «Basho pflückt die Blume nicht, er betrachtet sie nur. [...] Er fühlt etwas in seinem Inneren, aber er spricht es nicht aus. Er läßt ein Ausrufungszeichen alles sagen, was er sagen will; denn er hat keine Worte; sein Gefühl ist zu voll, zu tief, und er hat nicht den Wunsch, es in Begriffe zu fassen. – Tennyson hingegen ist aktiv und analytisch. Als erstes pflückt er die Blume von der Stelle, wo sie wächst. Er reißt sie aus ihrem Nährboden. Ganz anders als der östliche Dichter läßt er die Blume nicht in Frieden. [...] Offenbar ist ihm ihr Schicksal gleichgültig; seine Neugier muß befriedigt werden. Wie gewisse Mediziner viviseziert er die Blume. Basho hingegen berührt die Nazuna nicht einmal, er betrachtet sie nur, er schaut sie «aufmerksam» an, weiter nichts. [...] Der Osten schweigt, der Westen ist beredt. Aber das Schweigen des Ostens bedeutet nicht einfach stumm zu sein. [...] Oft ist das Schweigen ebenso beredt wie ein Wortschwall.»[28]

Ein Vergleich, der deutlich macht, daß der Umgang mit der Natur in Asien habituell ein anderer ist?

Die mögliche Befriedung des Wolfes

Bleibt die Frage nach anderen Bildern im Umgang mit der Macht und im Umgang mit Gott.
Wir erinnern uns: Im Patriarchat hat die Macht einen hohen Prestigewert, und die Gewalt gilt als legitimes Mittel zur Durchsetzung der Interessen oder mindestens zur Wahrung der Position. Die Bombe ist ihrerseits die moderne Verkörperung der alten Devise: Auge um Auge, Zahn um Zahn. Diese Devise war wohl schon immer mörderisch. Aber spätestens heute, im Zeitalter der Bombe, ist sie vollends fragwürdig geworden, und es ist höchste Zeit, nach anderen Devisen zu suchen. Dazu die Geschichte von Franziskus und dem Wolf.
Die Menschen der Stadt Gubbio leben in Angst und Schrecken. Seit Monaten streift in der Gegend ein wilder Wolf umher, der nicht nur die Tiere frißt, sondern auch die Menschen anfällt. Die Menschen haben darum so viel Angst, daß sie nicht einmal mehr den Mut haben, die Stadt zu verlassen. Überall, hinter jeder Ecke, sehen sie den bösen Wolf. Ja, ihre Projektionen sind schließlich viel größer als die reale Gefahr. Natürlich sollte man den Wolf, diesen Inbegriff des Bösen, töten, liquidieren, ein für allemal. Dann hätte man Ruhe – meinen sie.
Franziskus, der mit den Leuten von Gubbio Mitleid hat, weist ihnen einen anderen Weg. Er durchbricht das Denkmuster der angst- und haßerfüllten Bürger. Obwohl ihn die Bürger davon abhalten wollen, sucht er den Wolf auf und redet ihn an. Er redet ihn an nicht als satanische Bestie, sondern als «Bruder», als Mitgeschöpf Gottes. Der Wolf honoriert dies und fällt ihn nicht an, sondern hört ihm erst einmal neugierig zu. «Ich will Frieden stiften», verkündet ihm der heilige Franz. Und er macht dem Wolf einen Vorschlag, der das Übel bei der Wurzel packt. Franziskus sieht

nämlich, daß der Wolf hungrig und ausgezehrt ist und nur zum Überleben in der Gegend von Gubbio seine Beute sucht. Franz schlägt ihm darum vor, mit der Stadt ein Friedensabkommen zu schließen, das beiden Seiten dient. Die Stadtbewohner sollten ihm fortan zu fressen geben. Er aber dürfe sie nicht mehr ängstigen. Der Wolf findet diesen Vorschlag überzeugend, nickt mit dem Kopf und reicht Franziskus zum Gelöbnis die Pfote.

Zusammen gehen sie auf den Marktplatz und verkünden den erleichterten und verblüfften Bürgern den Frieden. Der Wolf, so sagt die Legende, lebte noch zwei Jahre in Gubbio. Er wurde liebevoll von allen gefüttert, bis er an Altersschwäche starb.[29]

Eine politische Geschichte, meine ich. Eine Geschichte der Abrüstung und Befriedung. Der Wolf wird nicht verteufelt und geschlachtet. Er wird als Mitgeschöpf ernstgenommen, und seine Bedürfnisse werden geachtet. Das wiederum ebnet den Boden zur Versöhnung und Zähmung. Eine politische Geschichte, meine ich. Eine Geschichte gegen die Bombe.

Bei dieser Geschichte gibt es allerdings einen wichtigen Punkt, der nochmals zu betrachten wäre. Es geht in dieser Geschichte nämlich nicht nur um die Frage «Vernichten oder Befrieden?», es geht ganz zentral auch um die Frage der Angst. Die Bürger haben Angst. Und diese Angst versperrt ihnen den Weg. Franziskus hingegen ist scheinbar angstlos: allein, ohne Waffe, sucht er den Wolf auf und entwaffnet ihn mit seiner Friedfertigkeit.

Daß Franziskus diesen Mut aufbringt, kann man natürlich mit der stets etwas pathetischen Legendenbildung erklären, die dem Heiligen besondere Kräfte zuschreiben will. Trotzdem glaube ich, daß in dieser Geschichte eine innere Wahrheit steckt: Franziskus ist angstlos, weil er sich von Gott getragen fühlt. Sein innerer Friede hat ihn angstlos gemacht. Und so ist denn die Zähmung des Wolfes nicht ein äußerer, rhetorischer Akt; die Befriedung ist ein Akt des Herzens. Wenn das Herz – wie bei den Bürgern von Gubbio – verängstigt, zerrissen und aufgewühlt ist, sind die Wege zum Frieden verbaut. Solange die Herzen nur ans eigene Überleben denken – solange herrscht Krieg.

Franziskus hingegen hat ein immenses Vertrauen in Gott, ein Vertrauen, das ihn befähigt, sich in den Wolf hineinzufühlen und in ihm einen Bruder zu sehen.
Dieser Gott, an den Franziskus glaubt, lebt nicht im Jenseits, allmächtig und erhaben; Franziskus erlebt ihn unmittelbar in der Natur, in den Tieren und in den Menschen. Gott ist für ihn die Lebenskraft, die alle Geschöpfe verbindet und trägt. Und damit sind wir nochmals bei der «theologischen Geographie» angelangt und bei meiner damit verbundenen Schlußfolgerung: Um von der Bombe wegzukommen, müssen wir dringend unser Gottesbild ändern. Der personale Gott-Vater, der – thronend im Jenseits – die Weltgeschichte in den Händen hält und sie nach seinem Heilsplan lenkt, dieser Gott-Vater ist heute nicht mehr plausibel zu machen. Dieser Gott ist ein Mythos, ein künstliches Gebilde. Dieser Gott wurde zu Recht für tot erklärt.
Diesen Gott als Projektion zu erkennen, heißt aber noch lange nicht, den Atheismus zu propagieren. Das Wort «Gott» hat damit nicht einfach ausgedient. Gott wird nur anders verstanden. Um ihm zu begegnen, müssen wir – nach diesem neuen Verständnis – nicht mehr in den Himmel schauen. Wir müssen vielmehr hineinhören in die Welt und in uns selbst. In dieser Hinwendung entdekken wir vielleicht von neuem den Urgrund allen Seins. Und wir begegnen Gott als der gestalterischen Kraft allen Lebens. Gott ist die Kraft, die in den Atomen steckt. Gott ist die Kraft, aus der die Mutter Erde lebt. Und auch der Wolf, auch er, wird von dieser Kraft beseelt.
Gott ist ein Sammelwort. Ein Inbegriff. Ein Inbegriff für das Leben schlechthin. Und wenn wir das Leben erhalten wollen, müssen wir Gott neu entdecken.

Die Dialektik von Mut und Demut

So wäre die Theologie, die Lehre von Gott, denn vor allem als Biophilie[30] zu verstehen – als Liebe zum Leben.

Diese Biophilie, diese Liebe zum Leben ist nicht blauäugig gläubig. Sie kennt ihn durchaus, den Riß. Sie kennt die uralte Vertreibung aus dem Paradies. Und sie kennt die Fragwürdigkeit neuer vorschneller Glücksversprechen. Im Privaten wie im Politischen argumentiert sie aus einer weisen Skepsis heraus – aus einer Skepsis gegenüber allen Machbarkeitsphantasien. Die leise Melancholie steht ihr in unseren Zeiten denn auch näher als die forsche Utopie.
Solcherart Biophilie ist aber schwierig zu finden. Gar schnell verführt uns der bedrohliche Zustand unserer Erde wieder zu voluntaristischem Aktivismus. Gar schnell glauben wir wieder an die Konstruierbarkeit einer rißlosen Welt. Gar schnell haben wir uns wieder im ‹Gotteskomplex› verstrickt und gehen hochmütig daran, das Reich Gottes zu schaffen. Bis zur nächsten Niederlage, die uns zurückwirft. Bis zum nächsten Riß, der uns schmerzhaft auf unsere Begrenztheit verweist.
Dabei wäre die Bewußtwerdung unserer Grenzen durchaus ein wertvoller Prozeß, der uns helfen könnte, von falschen Utopien Abschied zu nehmen. Der Psychotherapeut Jörg Bopp hat vor einiger Zeit auf treffende Weise auf die Problematik überzogener Utopien hingewiesen. In der Zeitschrift ‹Publik-Forum› hat er zu erklären versucht, warum die deutschen Grünen sich immer wieder in parteiinternen Querelen verlieren. Seine Diagnose: Hinter den aufreibenden Flügelkämpfen stecken Frustrationen, die sich zwangsläufig aus den zu hohen politischen Idealen ergeben. Jörg Bopp konkret: «Die Grünen stellen sich unerhört hohe Anforderungen. Ständig müssen sie egalitär und professionell, kämpferisch und sensibel, basisdemokratisch und effektiv, parlamentarisch und außerparlamentarisch, antiautoritär und machtbewußt sein. (...) Das erzeugt unerträglichen Druck und scharfe gegenseitige Kontrolle. Die Grünen leiden unter dem Sadismus von zu hohen Idealen, die sie nie erreichen können und deshalb schonungslos auf die eigene Begrenztheit verweisen. Dadurch entsteht Kränkung und Haß auf die hohen Handlungsziele. Weil aber nach der Räson der Partei die Ideale nur geliebt werden dürfen, wird

über diesen Haß nicht offen geredet. Jeder muß ihn vor jedem verbergen. Deshalb versucht er, die Wut an Ersatzobjekten zu entladen: an die Mitglieder, die jene Ideale teilen. Die Feindseligkeiten zwischen den Grünen sind Ergebnis einer unbewältigten Spannung zwischen Liebe und Haß gegenüber den eigenen Handlungszielen.»[31]

Das Zurückschrauben der Ideale auf ein realistisches Niveau ist natürlich nicht einfach. Will man die Sackgassen selbstverschuldeter Ohnmacht vermeiden, wäre dies aber angezeigt. Nur so, mit dem richtigen Maß an Bescheidung, werden wir den nötigen langen Atem haben bei unserer Parteinahme für Gerechtigkeit, Frieden und die Bewahrung der Schöpfung.

Ein altes, Friedrich Christoph Oetinger zugeschriebenes Gebet könnte uns beim Finden dieser Bescheidung vielleicht hilfreich sein: «Herr, gib mir den Mut, das zu verändern, was zu verändern ist. Gib mir die Demut, anzunehmen, was nicht zu verändern ist. Und schenke mir die Weisheit, das eine vom andern zu unterscheiden.» Dieses Gebet enthält beide Seiten. Es redet vom Zupacken und vom Loslassen. Vom Projektieren und vom Akzeptieren. Vom Werden und vom Sein. Diese beiden Seiten gehören auf dialektische Weise zusammen. Sie sind sich gegenseitig Ergänzung und Korrektur.

Mit dem Finden solch dialektischer Weisheit könnten wir vielleicht – den apokalyptischen Ängsten zum Trotz – das Leben wieder lieben lernen. Und vielleicht würde dabei gar wieder eine gewisse Gelassenheit möglich. Nicht eine fatalistische allerdings. Nicht eine Gelassenheit, die einen privatistischen Rückzug rechtfertigen würde. Eine Gelassenheit vielmehr, aus der heraus wir, leise und unspektakulär, das uns Mögliche tun.

Ja, ohne gebannt auf die dunklen apokalyptischen Wolken zu blikken und ohne sich in versponnenen Utopien zu verfangen – jeder an seinem Ort, jeder so gut er kann. Etwas realistischer, skeptischer, bescheidener als auch schon. Heiter und ernst zugleich. Und zuweilen auch ein wenig närrisch. Mit zweckfreien Stunden im luftleeren Raum.

Aus einer solchen Haltung und einer solchen Erfahrung heraus wäre vielleicht ganz neu für die gute alte Sache zu kämpfen: für einer Welt ohne Ausbeutung von Mensch und Natur.
Ja, ganz neu – dies müßte heute wohl heißen: ohne falsche Utopien und doch mit Vehemenz. Ohne Garantie auf äußeren Erfolg. Einzig aus innerer Notwendigkeit. Nicht weil die Zukunft ruft. Vielmehr weil das Heute mich treibt.

Erhard Eppler

Die Macht des neuen Bewußtseins

Überholt sich die Atombombe?

Die Bombe, also die Fähigkeit zur Auslöschung ganzer Völker, läßt sich als Werkzeug von Politik nur verteidigen, wo zwei Systeme oder Staaten sich wie Feuer und Wasser gegenüberstehen, wo beide dogmatisch davon überzeugt sind, daß der jeweils andere keine Existenzberechtigung habe, wo also auch jeder damit rechnet, daß der andere ihm die Existenzberechtigung abspricht. Also bleibt immer zu fürchten, daß der andere, der Feind, jede denkbare Gelegenheit nutzt, das eigene System auszulöschen, nicht unbedingt mit der Bombe, aber notfalls eben auch damit. Und daher muß jede Seite die Bombe – in vielfacher und vielfältiger Ausführung – parat haben, um sich dagegen zur Wehr zu setzen, noch besser, um den bösen anderen abzuschrecken.
Dies war, wir vergessen es schnell, politische Wirklichkeit bis in die Mitte der achtziger Jahre. Nicht irgendeine ferne Gestalt der Geschichte, sondern der Präsident Ronald Reagan sprach gelegentlich vom irdischen Harmagedon, vom Endkampf Gottes gegen die Teufel hier auf unserem Globus in unserer politischen Wirklichkeit und mit unseren technischen Mitteln.
Heute ist nur noch schwer vorstellbar, welcher Konflikt künftig noch zur Verwendung atomarer Vernichtungsmittel führen könnte. Nur wo es um Leben und Tod, um Freiheit oder Sklaverei geht – oder doch zu gehen scheint –, kann ein Politiker mit der Bombe drohen, ohne daß die Menschen an seinem Verstand zweifeln.

An den meisten Stellen der Erde, wo es solche Konflikte noch gibt, fehlt zum Glück die Bombe: im Sudan, in Äthiopien, in Kambodscha, im Irak. Nur im Fall Israel kommt beides noch zusammen. Dort hat ein kleines Volk immer noch das Gefühl, es solle ausgelöscht werden. Dabei kommt es nicht darauf an, ob die wichtigeren seiner Feinde dies noch im Sinne haben. Wichtig ist, daß dieses Volk, gehärtet durch unsägliches Leid, entschlossen ist, nie wieder in die Hände von Feinden zu geraten. Sein letztes, sicher allerletztes Mittel ist die Bombe, die es sich verschafft hat. Aber auch wenn es dort zum Äußersten kommen sollte, es ist nicht mehr wahrscheinlich, daß dann der Funke auf Europa überspringt. Das gilt auch für einen Konflikt zwischen Indien und Pakistan. Daß der Irak die Bombe noch nicht hat, ist wohl ein Glücksfall. – In den neunziger Jahren dürfte uns die Bombe weniger ängstigen als in allen Jahrzehnten seit Hiroshima. Wenn die beiden atomaren Weltmächte kooperieren, können wir ruhiger schlafen. Aber ganz wird die Bombe aus dem Bewußtsein der Menschen nicht zu tilgen sein, sogar dann nicht, wenn es zur totalen Abrüstung, zur Vernichtung aller atomaren Bestände käme. Die Menschheit weiß, wie man die Bombe macht. Sie muß mit diesem Wissen leben. Und mit der Furcht, die zu diesem Wissen gehört.

Die ökologische Zeitbombe

Je weniger wir Anlaß haben, uns vor dem plötzlichen Untergang zu fürchten, um so rascher mehren sich die Anzeichen dafür, daß wir auch ohne Bombe in der Lage sind, uns als Gattung umzubringen. Wer in meiner Jugend prophezeit hätte, die Menschheit werde gegen Ende des zwanzigsten Jahrhunderts durch ihre Art zu leben das Klima verändern, die schützende Hülle der Erde zerstören, Meere vergiften, Wälder absterben lassen und ganze Regionen unbewohnbar machen, wäre wohl für verrückt erklärt worden. Damals träumten wir noch von der Bewässerung jener

Wüsten, die sich jetzt unaufhaltsam in das Grün der Trockenweiden hineinfressen. Wie verarbeitet unser Bewußtsein das Unerwartete, das Unerhörte, Ungeheure?
Philippe Dätwyler hat das Bewußtsein geschildert, das die Bombe geschaffen hat. Er nennt drei Kennzeichen: unser instrumentales Verhältnis zur Natur, das Patriarchat und die Vergottung der Technik:
«Weil wir gegen die Natur und nicht mit ihr leben, droht sie uns auszulöschen.
Weil der Mann die Stärke und Macht glorifiziert, droht uns die Ohnmacht vor der Apokalypse.
Weil wir die Technik zum Gott gemacht haben, droht uns der gottlose Untergang.» (s. o. S. 32)
Natürlich wäre zu fragen, wie die ökonomische Dynamik des modernen Kapitalismus dieses Bewußtsein geschaffen hat und gleichzeitig von ihm getragen wurde – und wird. Aber das mag hier außen vor bleiben. Wichtiger ist, daß solches Bewußtsein sich in Machtstrukturen niedergeschlagen hat, und daß diese Strukturen das Bewußtsein, dem sie ihre Entstehung verdanken, immer neu produzieren.
Es gibt Millionen Arbeitsplätze in Industrie, Landwirtschaft, ja sogar in Dienstleistungen, die damit zu tun haben, daß wir gegen die Natur und nicht mit der Natur leben. Millionen Menschen, die Pestizide herstellen, vertreiben oder anwenden, wollen ihren Lebensunterhalt sichern. Die Chemische Industrie und der Bauernverband haben ein Interesse daran, daß die Menschen, die mit Agrargiften umgehen, dies mit gutem Gewissen tun. Sie sorgen dafür – und sie haben das Geld dazu –, daß dieses gute Gewissen nicht angefochten wird. Und so wird notwendig das alte Bewußtsein reproduziert: Was würde aus unserer Erde und der wachsenden Zahl von Menschen, wenn wir keine Agrargifte hätten? Wie schwer hätten die Bauern zu rackern? Jede Macht schafft sich die passende Ideologie zu ihrer Rechtfertigung.
Aber es gibt Epochen eines elementaren Bewußtseinswandels. Wir leben in einer solchen Epoche. Und es sind nicht Philosophen,

Literaten oder Politiker, die den Bewußtseinswandel bewirken, es sind die unzähligen Erfahrungen eines veränderten Alltags. Menschen haben neue Gefährdungen, neue Risiken erfahren. Die junge Mutter, die sich fragen muß, ob ihre Muttermilch schon zu giftig ist zum Stillen oder wo ihr Kind vor Anfällen von Pseudo-Krupp sicher wäre, läßt sich durch keine Propaganda mehr einlullen. So ist neues Bewußtsein gewachsen. Am besten läßt sich dies verfolgen an der Entstehung ökologischen Bewußtseins.

Phasen des Bewußtseinswandels

In der ersten Hälfte der sechziger Jahre hat es das Wort Ökologie noch nicht gegeben, jedenfalls nicht in der öffentlichen Diskussion. Heute ist es kaum mehr vorstellbar, zumal für die jüngere Generation, wie neu, wie jung ökologische Einsichten sind. Als der damalige Kanzlerkandidat der Sozialdemokraten 1961 die Forderung aufstellte, der Himmel über der Ruhr müsse wieder blau werden, da wußte er selbst nicht genau, was dies bedeutete. Was dabei herauskam, waren die höheren Schornsteine an der Ruhr mit dem Ergebnis, daß die Umweltzerstörung weiter nach Osten verlagert wurde. Noch 1967 hat der damalige Bundesverkehrsminister Georg Leber erklärt, er werde dafür sorgen, daß eines Tages kein Ort der Bundesrepublik weiter als 20 km von einer Autobahn entfernt sein werde. Auch ich habe damals begrüßt, was Leber vorschlug. Aber wenige Jahre danach habe ich mir an den Kopf gegriffen. Mein Bewußtsein hatte sich verändert.
Beim Entstehen ökologischen Bewußtseins lassen sich fünf Phasen unterscheiden:
In der ersten Phase wurden gefährliche Teilschäden entdeckt. Es war in der zweiten Hälfte der sechziger Jahre und in den ersten beiden Jahren der siebziger Jahre. Damals ist deutlich geworden, daß das Blei im Benzin die Landschaft vergiftet. Ergebnis: Der Deutsche Bundestag hat – übrigens einstimmig – ein Benzin-Blei-

Gesetz verabschiedet und es dann nach einigem Hin und Her gegen die Mineralölkonzerne durchgesetzt, die zuerst so taten, als ginge das gar nicht. Damals sind leistungsfähige Kläranlagen gebaut worden, weil man die Wasserverschmutzung inzwischen ernst nahm. Dies war die Zeit des Contergan-Skandals. Man hat gespürt, daß es auch in der Pharmazie Wirkungen gibt, die wir nicht in der Hand haben. Und es war die Zeit, in der zunehmend krebserregende Stoffe festgestellt wurden. Aber all dies waren kleine Schönheitsfehler in einer ansonsten ziemlich heilen Welt.
Die zweite Phase begann etwa 1972 und dauerte bis in die Mitte der siebziger Jahre. In dieser Phase entstand das Bewußtsein von der Endlichkeit natürlicher Ressourcen. Zu Beginn des Jahres 1972 erschien der erste Bericht des Club von Rom über die Grenzen des Wachstums. Damals, kurz vor der ersten Erdölkrise, wurde klar, daß die fossilen Energiequellen nicht nur endlich sind, sondern in einer durchaus absehbaren Zeit zur Neige gehen – vorausgesetzt, daß die Zuwachsraten des Verbrauchs so bleiben, wie man sie vorausgeschätzt hatte. Es wurde deutlich, daß bestimmte Rohstoffe, vor allem Nichteisenmetalle, relativ rasch zur Neige gehen, daß der nutzbare Boden nicht in der bisher üblichen Weise weiter mit Beton überzogen werden konnte. (In Baden-Württemberg zum Beispiel ist von 1950 bis heute weit mehr Boden überbaut und betoniert worden als in der gesamten Menschheitsgeschichte bis 1950.)
Die Grundthese des Clubs von Rom war vor allem: Wir verbrauchen in wenigen Jahrzehnten Ressourcen, die sich in Jahrmillionen angesammelt haben, und wir müssen uns darauf vorbereiten, daß sie zu Ende gehen. Diese Grundthese war ebenso banal, wie sie damals – jedenfalls für das öffentliche Bewußtsein – neu war. Zukunft bedeutete bis 1972 Fortschreibung der Trends, die zur Gegenwart geführt hatten. Plötzlich kam da ein wissenschaftlich ernst zu nehmendes Team und sagte: Es ist exakt umgekehrt, die Fortführung und Fortschreibung dieser Trends führt entweder in eine Gesamtkatastrophe oder im besten Fall in eine Serie von Einzelkatastrophen.

Als 1973 der Ölpreis und mit ihm andere Energiepreise plötzlich explodierten, trat vieles von dem, was der Club von Rom theoretisch gesagt hatte, ins Bewußtsein einer breiteren Öffentlichkeit. Allerdings war die politische Reaktion auf die Erdölkrise und auf den Club von Rom – und zwar in allen Ländern des Westens wie des Ostens – der Wille, die Wachstumsgesellschaft der sechziger Jahre wiederherzustellen. In der Politik siegte das alte Bewußtsein.

In der dritten Phase – etwa von 1973 bis 1978 – entstand ein ökologisches Gesamtbewußtsein. Damals erkannten wir unseren Mangel an Wissen über die Wirkungen dessen, was wir taten. Dieser Mangel an Wissen ist, verglichen mit unseren technischen Möglichkeiten, heute noch so groß, wie er damals war. Wir haben immer noch kein klares Bild davon, welche Schäden wir verursachen. Damals wurde auch klar, daß der Mensch selber ein Teil von Kreisläufen ist, bei deren Versagen er direkt bedroht ist. Das Ergebnis war ein wachsender Respekt vor dem, was wir Natur nennen. Das hat dann zu Anfragen geführt, welche Technik verantwortbar sei und welche nicht. Nicht mehr der Mensch mußte sich vor den Unbilden der Natur schützen – das hatte er inzwischen perfekt gelernt –, sondern die Natur mußte vor dem Menschen geschützt werden. Diese dritte Phase war wohl die entscheidende.

Die vierte Phase möchte ich die Vernetzung zu einem allgemeinen Bewußtseinswandel nennen. Sie hat Ende der siebziger Jahre begonnen und dauert bis heute an. Ökologiebewegung, Friedensbewegung, Frauenbewegung und Dritte-Welt-Bewegung erkannten ihren gemeinsamen Ursprung. Innerhalb der Arbeiterbewegung wurde deutlich, daß Ausbeutung der Natur etwas zu tun haben könnte mit Ausbeutung des Menschen. In dieser vierten Phase sind auch neue Maßstäbe aufgekommen; es wurde deutlich, daß wir in einem allgemeinen Wertewandel, in einem Wandel des Wertbewußtseins stehen, einem Wandel, der alle Bereiche des Lebens umfaßte.

Kein Wunder, daß in dem Augenblick, wo dies deutlich wurde,

auch die Widerstände kamen mit all ihrer Härte. Denn es wurde klar, daß, wenn dieser Bewußtseinswandel weiterging, bestimmte Machtstrukturen – gerade auch ökonomische Machtstrukturen – bedroht wären.

Wenn ich mich nicht täusche, sind wir jetzt am Anfang einer fünften Phase, bei der Einsicht in die neue Position des Menschen. Wer auch nur ein bißchen – und mehr kann ich nicht für mich in Anspruch nehmen – gehört und gelesen hat über Gentechnologie, über Genmanipulation, weiß, wie der Mensch heute in der Lage ist, Natur neu zu konstruieren, von der Pflanze über das Tier bis hin zu sich selbst. Wer gleichzeitig die Informationen über das ernst nimmt, was etwa über den atomaren Winter an die Öffentlichkeit dringt, muß feststellen, daß wir an einem Punkt – nicht nur der Menschheitsgeschichte, sondern der Erdgeschichte – angelangt sind, für den es kein Beispiel gibt. Zum erstenmal in 4 Milliarden Jahren gibt es ein Produkt der Evolution, nämlich den Menschen, das sich selbst zum Herrn oder Konstrukteur der Evolution aufgeschwungen hat. Wir sind ein Produkt der Evolution, haben erst vor etwa hundert Jahren begriffen, daß wir es sind, und sind heute in der Lage, die Evolution radikal in die eigene Hand zu nehmen durch Konstruktion neuer Pflanzen, Tiere und Menschen, aber auch imstande, dieser Evolution praktisch ein Ende zu bereiten, indem wir einen großen Teil der höheren Lebewesen einschließlich des Menschen selbst ausrotten. Ein Produkt der Evolution hat die Fähigkeit, die Evolution in die eigene Hand zu nehmen und zu beenden. Das ist ein Vorgang, der erdgeschichtliche Dimensionen hat. Man kann sagen: Nach etwa vier Milliarden Jahren Erdgeschichte ist dies geschehen. Man kann aber auch sagen: Exakt gegen Ende des 20. Jahrhunderts nach Christi Geburt. Wir beginnen erst, unsere völlig neue Verantwortung in dem Horizont zu sehen, in den sie hineingehört.

Machtzentren bremsen

Der ökologische Bewußtseinswandel, vor allem in der zweiten und dritten Phase, ist um so rascher vor sich gegangen, je weiter man von den Zentren der Macht entfernt war, der politischen Macht, der ökonomischen Macht, der administrativen Macht, der publizistischen Macht, der kirchlichen Macht. Ich habe das selber – da ich ja immer von der einen Ebene zur anderen zu pendeln hatte – so erlebt. Dieser Bewußtseinswandel ist um so langsamer vor sich gegangen, je näher man den Zentren der Macht war. Die erste Explosion ökologischen Bewußtseins war der Aufstand im südbadischen Wyhl, und es waren keine Politiker, Professoren, Bischöfe, Chefredakteure, sondern Hausfrauen, Winzer, Angestellte und Studenten, die da die politisch und ökonomisch Mächtigen herausforderten.
Es gibt eine Vorstellung von Politik, die dieser Erfahrung widerspricht. Danach ist Politik vor allem das, was «Politiker» tun. Diese Politiker sind keineswegs dumm, sie sehen sehr wohl ein, was zu tun wäre, aber sie können nicht. Sie haben sich Sachzwängen zu beugen. Und vor allem: Sie müssen Rücksicht nehmen auf ihre Wähler, die leider all das nicht einsehen, was die besser informierten Politiker längst begriffen haben.
Ich will nicht leugnen, daß dies vorkommt. Mancher Entwicklungspolitiker hat verzweifelt und vergeblich versucht, die öffentliche Meinung aufzurütteln, damit für die Dritte Welt geschehen kann, was längst hätte geschehen müssen. Im Jahr 1976 habe ich im Südwesten Deutschlands einen Landtagswahlkampf geführt mit Themen, die heute niemanden mehr überraschen würden, die damals aber doch die meisten Wähler überforderten. Da war von naturverträglicher Landwirtschaft die Rede oder von einer Verkehrspolitik nach dem Motto «Vernunft statt Beton!». Und ich entsinne mich noch genau an den bösen Brief, mit dem die Bauarbeitergewerkschaft sich gegen solche Träumereien verwahrte. Aber was da 1976 in Baden-Württemberg geschah, war doch wohl eher die Ausnahme als die Regel. Die Regel war, daß es der Ökologie-

bewegung bedurfte, um die Politiker aus ihrem gewohnten Trott der simplen Wohlstandsmehrung herauszuholen. Der Bewußtseinswandel ging von unten nach oben, nicht von oben nach unten.
Wenn es die ökologisch verantwortbare Marktwirtschaft bis heute nicht gibt, dann hat dies zu tun mit der Zeitverzögerung im Wandel des Bewußtseins. Macht haben heißt auch: nicht lernen müssen. Ohnmacht ist ein kaum entbehrlicher Anreiz zum Lernen. Und auch Politiker lernen am ehesten dann, wenn sie sich hilflos und machtlos einem «Problem» gegenübersehen, für das es in ihren Denkkategorien keine «Lösung» gibt. Wenn sie wirklich nicht mehr wissen, wohin der Müll kommen soll, wenn alle Gemeinden sich mit Händen, Füßen und Stimmen gegen eine Deponie oder gar eine Verbrennungsanlage wehren, beginnt der Zwang zum Lernen.

Trägheit der Bürokratie

Immerhin ist politische Macht immer angefochten von Konkurrenten, kontrolliert durch Volksvertreter, der Kritik der Medien ausgesetzt. Daher wird sich letztlich nur halten können, wer irgendwann lernt. Für administrative Macht, für die unauffällige, schwer durchschaubare, kontinuierlich wirkende Macht der Verwaltung gilt dies sehr viel weniger. Daher haben Verwaltungen ein beträchtliches Beharrungsvermögen, auch wo es um ökologisches Bewußtsein geht.
Ein Beispiel: Wenn man im Nordschwarzwald, wo das Waldsterben am schlimmsten ist, mit Förstern redet, dann zeigen sie Querschnitte durch alte Bäume, bei denen sichtbar seit Ende der fünfziger Jahre die Jahresringe immer enger werden. Die ersten Anzeichen für das, was wir heute Waldsterben nennen, waren den Förstern spätestens Anfang der sechziger Jahre bekannt. Warum hat hier niemand Alarm geschlagen? Wahrscheinlich haben schon die Forstverwaltungen die Sache bagatellisiert. Und wenn sie es nicht getan haben, sind ihre Berichte in den jeweiligen Landwirtschafts-

ministerien in irgendeiner Schublade hängengeblieben. Es paßte nicht in das Bewußtsein dieser Verwaltungen hinein, daß die Wälder sterben, also starben sie auch nicht, also war das kein Thema. Daher kam erst zwanzig Jahre zu spät, in den achtziger Jahren, eine öffentliche Diskussion über das Waldsterben in Gang.
Manche Straßenbauverwaltung hat noch heute wenig Sinn für ökologische Rücksichten. Behörden sind begreiflicherweise darauf aus, daß es sie auch weiterhin gibt. Nichts ist interessanter für eine Behörde als die eigene Zukunft. Und gelegentlich habe ich die Befürchtung, daß manche Straßenbauplanungen, auch manche Straßenbaumaßnahmen etwas mit dem Überlebenswillen der Straßenbauverwaltungen zu tun haben.
Es sind vor allem die Verwaltungen, die sich die wohltätige Aufteilung politischer Macht in einer föderativen Ordnung zunutze machen. Wir ersticken im Müll. Zuständig für die Beseitigung des Mülls sind die Kreise oder Gemeindeverbände. Daher haben es viele Gemeinden nicht eilig mit der Anlage von Kompostplätzen oder Containern für Papier oder Glas. Ob eine Verpackungssteuer die Müllflut dämmen soll, wird im Bund entschieden, und der verweist auf die Harmonisierung der Steuern in der Europäischen Gemeinschaft. Im übrigen: was schert es den Bund und vor allem seine Bürokratie, wenn die Landkreise mit dem Müll nicht fertig werden? Bis Landräte und Kreisräte auf Parteitagen aufbegehren und den Bundespolitikern mit Abwahl drohen, wird die Verantwortung endlos hin- und hergeschoben. Bundesstraßen finanziert der Bund. Aber die Trassenführung wird von den Landesbehörden bestimmt. Ein Abgeordneter, der im Bundestag etwas über die Trassenführung wissen will, wird an das Land verwiesen, ein Landtagsabgeordneter, der eine andere Trasse will, bekommt zu hören, dies sei nun einmal eine Bundesstraße. Wo aber die politische Verantwortung nicht zu orten ist, hat die Verwaltung mehr Macht, als ihr zusteht. Und da bedarf es der Bürgerinitiativen, um anonyme Macht zu begrenzen.
Verwaltungen erheben meist Anspruch auf Expertenwissen. Wo sie es selbst nicht haben, holen sie es von außen. Politisch Verant-

wortliche werden daher meist mit Meinungen beliefert, die sich als geballtes Expertenwissen darstellen. Aber häufig sind Experten auch Interessenten. Und Interessenmacht ist um so wirksamer, je überzeugender sie sich als Expertenmacht ausgeben kann. Wie sollen politische Entscheidungsträger solche Querverbindungen durchschauen? Sie haben dazu meist weder die Informationen noch die Zeit, sich die Informationen zu beschaffen.

So kommt zur Macht der Verwaltung die Macht der Experten. Kaum ein Hochhaus in Landgemeinden, keine Autoschneise mitten durch eine Stadt, kein überflüssiges Kraftwerk ist ohne Experten zustande gekommen. Kommunalpolitiker haben sich viel zu lange von den – übrigens rasch veränderbaren – Expertenmeinungen abhängig gemacht. Dieselben Experten, die heute sagen: «Ich würde heute auch nicht mehr raten, ein Hochhaus in Hintertupfingen zu bauen», haben damals getan, was Experten gerne tun: Sie haben erklärt, daß alles, was sie für richtig halten, unbedingt nötig sei, und alles, was sie für falsch halten, überhaupt nicht gehe. Dagegen helfen nur Gegenexperten, damit die politisch Entscheidenden mehr als *eine* Expertenmeinung hören.

Bis in die Mitte der siebziger Jahre waren alle, die als Energieexperten galten, mit Energieinteressen verflochten. Eine Energiediskussion, die diesen Namen verdient, begann erst, als alternative Experten sich so viel Fachwissen angeeignet hatten, daß sie fundiert und in der Sprache der Experten widersprechen konnten.

Meinungsfreiheit ist eine gute Sache und eine wichtige dazu. Aber wer seine Laienmeinung gegen wirkliches oder angebliches Expertenwissen setzen will, wird rasch lächerlich gemacht. Daher brauchen wir über die Meinungsfreiheit hinaus die Meinungserarbeitungsfreiheit, also den freien Zugang zu Informationen, die Hilfe von Wissenschaft und Verwaltung bei der Beschaffung von Informationen, und zwar nicht nur für einzelne, sondern auch für Gruppen, die sich eine fundierte Meinung bilden wollen.

Die wirtschaftlich Mächtigen

Was aber der Umsetzung neuen Bewußtseins in neues Handeln am sperrigsten im Wege steht, ist die wirtschaftliche Macht. Sie verbindet und verbündet sich häufig mit administrativer, publizistischer oder auch politischer Macht. Wer eine ökologisch und ökonomisch vernünftigere Landwirtschaftspolitik durchsetzen will, muß sich anlegen mit einem festen Bündnis von Agrarbürokratie, chemischer Industrie und Bauernverband, die auch personell miteinander verflochten sind. Lange Zeit hat das Bündnis dieser drei Kräfte jede Veränderung der Agrarpolitik verhindert. Ähnliches gilt für die Verkehrspolitik: Es ist nicht einfach für einen Politiker, sich mit Daimler-Benz anzulegen, dazu mit dem ADAC, der Straßenbau-Lobby und der Straßenbauverwaltung.
Die Methoden, die da angewandt werden, gehen von Verharmlosung über Verwirrung und Verdächtigung bis zur Korruption. Der Fall Boenisch ist sicherlich kein Einzelfall. Peter Boenisch, zeitweilig Regierungssprecher in Bonn, hat über die Bildzeitung vor Millionen Lesern jeden madig gemacht, der zu sagen wagte, man könnte vielleicht durch eine Geschwindigkeitsbeschränkung Menschenleben und Wälder schützen. Daimler hat ihm das fürstlich honoriert. Welche Fäden es heute zwischen Medien und wirtschaftlicher Macht gibt, wissen wir nicht, auch deshalb nicht, weil die Medien selbst kein Interesse daran haben, sich darüber zu äußern. Was da vor sich geht, ist so gefährlich wie die Flick-Methoden im Bereich der Politik. Es gibt genug Hinweise darauf, daß Leute wie v. Brauchitsch die Politiker so ernst gar nicht nehmen. Die wirtschaftlich Mächtigen haben ein eher paternalistisches, wohlwollend-herablassendes Verhältnis zur Politik. Wahrscheinlich haben sie die Administration, wo sich ohne Aufhebens etwas durchsetzen läßt, sehr viel genauer in ihrem Fadenkreuz, noch mehr wohl die Medien.
Die Macht, die der Abrüstung und damit dem Frieden im Wege steht, hat seit Präsident Eisenhower einen Namen: es ist der militärisch-industrielle Komplex. In diesem Komplex lassen sich vier

Einzelkräfte unterscheiden: die Rüstungsindustrie, das Militär – vor allem die Generalität –, die Militärtechnik, die Zehntausende der fähigsten Forscher großzügig besoldet, und schließlich eine umfängliche Verwaltung, die diesen riesigen Apparat ordnet, zusammenhält und gleichzeitig noch einmal beträchtlich vergrößert.

Diesen militärisch-industriellen Komplex mit seinen vier Säulen gibt es überall, wo gerüstet wird, allerdings in sehr unterschiedlicher Stärke. Am perfektesten dürfte er in den USA organisiert sein, wo inzwischen fast in jedem Wahlkreis für das Repräsentantenhaus Betriebe angesiedelt sind, die den Wahlkreisabgeordneten vor Ort bearbeiten sollen. Und natürlich ist Rüstung für die westliche Wirtschaft, nicht nur in den USA, eine Droge, die erst bei übermäßigem Gebrauch zum Kollaps führt, in den richtigen Dosen jedoch eher belebend wirkt.

Aber auch diese Macht bedarf der Rechtfertigungsideologie. Die Steuerzahler müssen glauben, daß ihr Geld, das in die Rüstung fließt, ihnen eine Sicherheit verschafft, die anders nicht zu haben ist. Und das ist ohne Feindbilder nicht zu erreichen. Es ist anzunehmen, daß der Versuch nicht auf sich warten läßt, neue Feindbilder zu pinseln, wenn die alten verblassen. Aber solche Bilder können sich, wo frei und öffentlich diskutiert wird, nicht beliebig weit von der Wirklichkeit entfernen, wenn sie wirken sollen. Daher geht die Rüstungslobby schweren Zeiten entgegen.

Und die Friedensbewegungen, in den USA, in Deutschland, in England? Sie haben nirgendwo einen Erfolg verbucht, der sich unmittelbar auf ihr Drängen und Mahnen, auf ihr Singen und ihre Menschenketten zurückführen ließe. Aber sie haben Feindbilder abgebaut, erst bei sich selbst, und sie haben andere ermutigt, ihre Feindbilder abzubauen. Gorbatschow hat durchaus etwas mit der westlichen Friedensbewegung zu tun, deren Thesen er oft wörtlich aufnahm.

Und wer hat die Revolution in der DDR gemacht? Nicht die Kalten Krieger, die patentierten Antikommunisten. Es war die christliche Friedensbewegung der DDR, die dem Sicherheitsapparat der Kommunisten ganz einfach sein Feindbild stahl und ihn damit orientierungslos und schließlich hilflos machte. Man lese nach, was Horst Sindermann, der SED-Volkspräsident, sechs Tage vor seinem Tode dem SPIEGEL zu Protokoll gab.[1]

Formen der Macht

Spätestens an dieser Stelle werden wir auf die Frage zurückgeworfen, was denn das sei, was wir Macht nennen.
Es gab – übrigens am Rande der Friedensbewegung – die These, Macht entstamme regelmäßig einer kranken Psyche. Das Streben nach Macht sei der Versuch einer Kompensation, unternommen von Menschen, denen Erfüllung in partnerschaftlicher, gleichberechtigter Beziehung versagt geblieben sei. Wären die Menschen, wie sie sein sollten, wären sie gesund, so gäbe es keine Macht. Haben also die Anarchisten doch recht? «Keine Macht für niemand» steht ja auf manchem Transparent jener Gruppen, die sich «autonom» nennen. Die neue, psychoanalytische Begründung war möglicherweise solider als das, was zum Ende des neunzehnten Jahrhunderts dem europäischen Anarchismus als ideologische Grundlage diente.
Nun ist es unbestreitbar, daß Macht über andere Menschen Folge, Ausdruck und Ursache kranker Beziehungen sein kann. Macht ist nur zu oft verbunden mit Ausbeutung und Vergewaltigung. Und der Abbau von beidem bedeutet auch Abbau von Macht. Meine Frage ist, ob damit alles gesagt ist.
Dagegen spricht eine eigentümliche Erfahrung des letzten Jahrzehnts. War es nicht so, daß Machtkämpfe dort am wildesten, ganz und gar ungezügelt tobten, wo man unentwegt versicherte, es gehe nicht um Macht, sondern nur um die Rettung der Menschheit? Wurden nicht gerade da unzählige Menschen psychisch niedergemacht, wo der Anspruch erhoben wurde, jetzt solle endlich an die Stelle der Unterordnung die Partnerschaft, an die Stelle der Führungsmacht der wenigen die basisdemokratische Gleichbe-

rechtigung aller treten? Ging nicht – etwa bei den Grünen in Deutschland – der Ansatz zu einer neuen politischen Kultur unter in einer exemplarischen Unkultur?

Wundern kann sich darüber nur, wer Macht für etwas Lästiges, Ungutes, vor allem für etwas Vermeidbares, Überflüssiges hält. Nein, Macht gehört zu den Urphänomenen menschlichen Lebens. Solange es Menschen gibt, wird es auch Macht geben. Wer dies leugnet, kann sich dispensieren von der Aufgabe, den Umgang mit Macht zu lernen. Das Ergebnis ist niederschmetternd.

Am einfachsten und wohl auch am präzisesten läßt sich Macht definieren als die Fähigkeit, andere zu einem bestimmten Verhalten zu veranlassen. Steuern zahlen wir nicht, weil es uns Vergnügen bereitet, sondern weil der Staat uns durch Gesetze dazu veranlaßt und notfalls die Mittel hat, uns dazu zu zwingen. Macht hat der Unteroffizier gegenüber seinen Rekruten, aber eben auch die Eltern gegenüber ihrem Kind. «Nachtisch gibt es erst, wenn der Teller leer ist», sagt die Mutter und übt damit Macht aus. «Wenn Sie sich nicht schleunigst pensionieren lassen, leben Sie nicht mehr lange», sagt der Arzt und übt damit Macht aus. «Wenn Sie weiterhin für die Müllverbrennungsanlage sind, wollen wir dafür sorgen, daß Sie nicht mehr gewählt werden», sagt die Bürgerinitiative und übt damit Macht aus. «Wenn Sie weiterhin gegen die Autoflut polemisieren, sperren wir unsere Anzeigen», sagt der Autokonzern zum Chefredakteur und übt damit Macht aus.

Macht hatte auch der sowjetische Dissident Sacharow in seinem Exil in Gorkij. Sie bestand darin, daß die Weltöffentlichkeit genau verfolgte, was mit ihm geschah. Mit dieser Macht konnte er die sowjetischen Behörden zumindest von einem Verhalten abbringen, das andere, weniger mächtige Dissidenten zu spüren bekamen. Heute wissen wir, daß Sacharow noch sehr viel mehr Macht hatte: die Macht, das nachstalinistische System in Frage zu stellen.

Ich selbst war in den frühen achtziger Jahren noch mächtig genug, um diejenigen, die meinen Parteiausschluß verlangten, zu einem vorsichtigen Verhalten zu veranlassen. Die Macht bestand darin, daß viele andere mit mir die Partei verlassen hätten.

Zu Beginn der achtziger Jahre habe ich in einer sächsischen Dorfkirche den dortigen Landesbischof über Machtmißbrauch predigen hören. Er sprach nicht über die anderen, sondern darüber, welche Macht die scheinbar so machtlosen Kirchen in der DDR noch hatten, sogar gegenüber ihrem Staat, und wie sie diese Macht mißbrauchen konnten. Wie beträchtlich die Macht dieser kleinen Minderheitenkirchen war, weiß die Welt seit dem Herbst 1989.
Es gibt also verschiedene Formen von Macht, und es gibt ein Spiel von Macht und Gegenmacht, das zu jedem menschlichen – und wohl auch tierischen – Zusammenleben gehört.
Auch ein Kind hat Macht. Wenn ein Kind, kaum daß es sprechen kann, fragt: «Und wenn ich schreie?», so weiß es: mit meinem Schreien kann ich die Eltern zum gewünschten Verhalten veranlassen, vielleicht nicht immer, nicht automatisch, aber immerhin. –
Wenn ein paar Kinder miteinander spielen, dann hat nach kurzer Zeit das eine mehr Macht als das andere. Das stille, zurückhaltende, vielleicht etwas kränkliche Kind folgt den Vorschlägen – und manchmal werden daraus Anweisungen – des aktiveren, einfallsreicheren oder auch nur lauteren Kindes. Nicht alle Kinder haben dieselbe Fähigkeit – oder auch den Willen –, andere zu einem bestimmten Verhalten zu veranlassen. Natürlich ändern sich die Machtverhältnisse in einer Kindergruppe rasch, wenn etwa klar wird, daß das dominierende Kind wirklich nur lauter, nicht phantasievoller ist. Aber wo Menschen sind, gibt es Machtgeflechte.

Macht reproduziert altes Bewußtsein

Macht hat die Tendenz, sich in Strukturen zu verfestigen. Dazu gehören oft auch die Eigentumsverhältnisse. Die feudalen Besitzverhältnisse des Mittelalters waren zugleich Abhängigkeits- und Machtverhältnisse. Aber es gibt auch andere Strukturen der Macht. Der Richter hat Macht über den Angeklagten, ganz persönliche Macht. Aber diese Macht wird verliehen und begrenzt durch die Gesetze, die den Richter binden. Es gibt also so etwas wie die Macht der Gesetze, die oft die Macht der jeweiligen Gesetzgeber lange überdauert. Es gibt eine Macht der Bürokratien, die oft weit stärker die Politik prägen als der jeweilige Minister, dem die Bürokratie ihre Vorlagen zum Abzeichnen gibt. «Le pape va et le bureau reste.» Solche Bürokratien können eine ungeheure Prägekraft haben. Mancher junge Diplomat, der in den Auswärtigen Dienst ging mit der Absicht, sich nicht nur mit Sektglas bei Stehempfängen die Zeit zu vertreiben und in immer neuen Sprachen nichts zu sagen, ist nach wenigen Jahren von seinen Kollegen nicht mehr zu unterscheiden. Das hat nicht nur mit Gewöhnung zu tun, sondern auch mit der Unnachsichtigkeit eines solchen Apparates, der jeden abzustoßen und auszugrenzen weiß, der sich nicht in die hergebrachten Formen fügt. Ein solcher Apparat übt kollektive Macht aus, gegenüber dem einzelnen, der darin arbeitet, gegenüber dem Minister, der ihn führen soll, gegenüber den andern Ministerien, gegenüber den Regierungen fremder Staaten. Alle kann er – mehr oder weniger wirksam – zu einem gewünschten Verhalten veranlassen.

Werbung kann Millionen zu einem gewünschten Verhalten bringen, manchmal ohne daß sie es merken. Dabei ist die Werbung noch ein vergleichsweise harmloser Fall. Man kann sich ihr entziehen, man kann sie mit Humor ertragen, und Millionen Menschen tun es.

Anders sieht es aus, wenn zum Beispiel die Giganten der Großchemie international, vor allem in der Dritten Welt, die Betriebe aufkaufen, in denen Saatgut gezüchtet wird und dann nur noch Samensorten auf den Markt bringen, die ohne hohe Beigaben von Kunstdünger und Pflanzenschutzmitteln fast nichts mehr erbringen. Gelingt es, die anspruchslosen heimischen Sorten zu verdrängen – und es gelingt oft –, dann werden Millionen von Bauern langsam Angestellte der Großchemie. Sie diktiert ihnen die Preise für das, was nun jeder braucht, sie veranlaßt jeden, ob er will oder nicht, zum gewünschten Verhalten, und dies ohne Gewaltanwen-

dung, ohne Polizei. Kein Staat, nicht einmal ein diktatorischer, kann seinen Willen in solch elementaren Fragen so vollständig durchsetzen.
Nun mag man einwenden, auch solche Macht werde von Personen ausgeübt, es komme also allein auf diese Personen an. Dagegen sprechen zwei Tatbestände:
Erstens schafft sich jede Macht ihre Ideologie, die von denen verinnerlicht wird, die sie ausüben, oft auch von denen, über die sie ausgeübt wird. Der Angestellte der Großchemie ist davon überzeugt, daß er letztlich den Bauern hilft, daß er die Bauern nicht ärmer, sondern reicher macht, und wenn schon nicht die Bauern, dann doch die Menschen, die ihre Produkte verzehren. Die Großchemie dient dem Fortschritt, dem Kampf gegen den Hunger, und also tut dies auch der einzelne Angestellte. Oft kann er sogar darauf verweisen, daß die Mehrheit der Betroffenen, in unserem Fall der Bauern, dies genauso sieht.
Zweitens gibt es Sanktionsmechanismen, die jeden prinzipiellen Zweifler einzuschüchtern und notfalls zu eliminieren in der Lage sind. Dabei sind die Leute, die diese Mechanismen – bewußt oder unbewußt – handhaben, oft durchaus keine Bösewichte, sie haben nur ihre Maßstäbe dafür, was ein Spinner ist, der nicht in den Betrieb paßt oder gar die Interessen des Betriebes schädigt.
Daß gegen solche ökonomischen Großmächte moralische Appelle noch ein bißchen wirkungsloser bleiben als sonst, wird wohl kaum bestritten. Wichtiger ist, daß hier auch der allgemeine Bewußtseinswandel nur schwer durchschlagen kann. Bei der Großchemie kann keiner Karriere machen, wer für den biologischen Landbau eintritt. Gewandeltes Bewußtsein kann dort nur insofern wirksam werden, als diese Apparate schließlich Leute brauchen, die den Kritikern durch neue Produkte so weit entgegenkommen, wie dies im Interesse des Konzerns ratsam erscheint. Aber eben dies setzt voraus, daß irgendwo Gegenmacht entstanden ist.

Gegenmacht von unten

Damit bin ich bei meiner Hauptthese: Das Konzept von Macht und Gegenmacht ist der Wirklichkeit des Menschen, wie wir sie bisher – also für einige Jahrtausende – überblicken können, gemäßer als der Versuch, jeder Machtausübung ein Ende zu setzen, und sei es durch Auflösung der entsprechenden psychischen Mechanismen. Dabei käme es an auf ein Konzept von Gegenmacht, das bewußt versucht, nicht in den Automatismus von Feindbild, Projektion, Angst, Sicherheitswahn und aggressiver Machtentfaltung zu geraten, den zum Beispiel Thea Bauriedl so einleuchtend geschildert hat. Die neuen sozialen Bewegungen sind, ob sie es wollen oder nicht, Machtfaktoren, sie bilden Gegenmacht. Und sie sollten es wollen.

Richard Nixon stellte im Herbst 1969 Nordvietnam ein Ultimatum, das sogenannte November-Ultimatum, das eine Ausweitung des Vietnamkriegs ankündigte, falls Hanoi nicht auf die amerikanischen Bedingungen eingehe. Roger Morris, der unter Kissinger an solchen Eskalationsplänen arbeitete, berichtet, daß die Ziele für amerikanische Atombomben bereits feststanden. Die Vietnamesen gaben nicht nach. Die Atomschläge fanden jedoch nie statt. Nixon selbst gibt einen Grund dafür an: Beim «Washingtoner Marsch gegen den Tod» waren so viele Amerikaner auf den Straßen, daß Nixon an der nötigen Unterstützung durch die öffentliche Meinung zu zweifeln begann. Ob dies der einzige Grund dafür war, daß Nixon einlenkte, ist in unserem Zusammenhang nicht entscheidend. Klar ist, daß hier Gegenmacht sichtbar wurde, die wirksamer war als die Gegenmacht vietnamesischer Divisionen.

Wer kann sich vorstellen, daß ein französischer Präsident seine – sündhaft teure – «force de frappe» einsetzt? Gegen wen? Gegen eine der atomaren Supermächte? Das wäre Selbstmord. Gegen ein atomar nicht gerüstetes Land? Das würde ausgerechnet die Nation, die sich – zu Recht – auf ihre Zivilisation einiges zugute hält, aus der Gemeinschaft zivilisierter Länder ausschließen. Ob

die Deutsche Mark europäische Leitwährung wird oder rasch eine gemeinsame Währung entsteht, das alles hat mit der französischen «Bombe» nur insoweit etwas zu tun, als sie die Wirtschaft belastet.
Es könnte durchaus sein, daß militärische Überrüstung eher eine wirtschaftliche Last als ein politischer Trumpf wird. In der Sowjetunion ist das bereits mit Händen zu greifen. In den USA ist dies überraschender- und glücklicherweise kaum weniger der Fall. In Deutschland ist es offenkundig: Die 75 Millionen Deutschen, die jetzt einen gemeinsamen Staat bauen, werden um so unangefochtener und also um so sicherer leben, je weniger sie für ihre militärische Stärke tun. Eine starke deutsche Wehrmacht könnte in Europa nur Unsicherheit und Spannung schaffen. Und deutsche Atomwaffen würden vor allem den Deutschen das Leben schwer machen.

Die Macht der Ohnmächtigen

Wenn Macht eine unausrottbare Kategorie alles Politischen ist, tun die neuen Bewegungen gut daran, dies erst einmal hinzunehmen und dann zu fragen, was sie Neues, Entkrampfendes, Angstminderndes, Lösendes in das Spiel von Macht und Gegenmacht einzubringen haben, wie sie verhindern, daß wieder starre Fronten entstehen und die Dialektik des Angsthabens und Angstmachens auch diese Bewegungen ergreift. Dabei haben sie schon viel mehr erreicht, als sie wissen. Die scheinbar Machtlosen sind keineswegs ohnmächtig.
Mao Tse Tung soll gesagt haben, die Macht komme aus den Gewehrläufen. Das stimmte nicht einmal für seine eigene Macht. Nicht weil seine Soldaten Gewehre hatten, wurde er zum Herrn Chinas, sondern weil Hunderte von Millionen Menschen in ihn ihre Hoffnung setzten. An Gewehrläufen fehlte es 1989 der SED-Führung wahrlich nicht. Ein perfekter Sicherheitsapparat hätte jeden Aufstand zusammenschießen können. Aber schließlich

wollte niemand mehr schießen. Die jungen Leute, die da aus Leipzigs Kirchen herausströmten – das war doch nicht der Klassenfeind, den man hätte niederknallen können. Erich Mielke hatte nicht mehr die Macht, seine Stasi-Leute zu dem Verhalten zu veranlassen, auf das hin sie in Jahrzehnten gedrillt worden waren. Aus den Gewehrläufen kam keine Macht.

Wenn Stalin wirklich gefragt haben sollte, wieviele Divisionen der Papst habe, dann wäre dies ein Beweis mehr dafür, daß – nach Dietrich Bonhoeffer – Dummheit kein intellektueller, sondern ein menschlicher Defekt ist. In der Tat, der Papst ‹hat› keine Divisionen. Aber schon zu Lebzeiten Stalins hat ein Papst energisch dafür gesorgt, daß die Westdeutschen wieder Divisionen bekamen. Das waren schon zwölf. Und ein anderer Papst hat doch wohl seinen Anteil daran, daß die gewaltige Militärorganisation des Warschauer Paktes ausgerechnet von Warschau aus zu zerbröckeln begann.

Die Macht ist eben nicht immer da, wo sie zu sein scheint, Sacharow war letztlich mächtiger als Breschnew, Havel war mächtiger als Husak. Wenn es stimmt, was einer der Berater Gorbatschows berichtet hat, daß nämlich die westliche, vor allem die deutsche Friedensbewegung der sowjetischen Führung erst den Mut gegeben hat, Gorbatschow zum Generalsekretär zu wählen, dann hat die deutsche Friedensbewegung viel mehr bewirkt, als sie sich selbst je träumen ließ; und mehr als die Rüstungsmilliarden, mit denen Ronald Reagan seine eigene Wirtschaft überfordert hat.

Ein Deutschland, in dem von Stuttgart bis zum Bodensee eine geschlossene Menschenkette für den Frieden demonstriert, kann offenbar mehr Menschen im Osten zu friedlicherem Denken und Handeln veranlassen als ein Deutschland, das im alten Spiel von Drohung und Gegendrohung seinen Part spielt, als hätte es Hitler nie gegeben. Und vielleicht können Lebensmittelpakete nach Leningrad und Moskau mehr Sicherheit schaffen als Kampfflugzeuge, von denen eines nicht viel weniger kostet, als Leningrad braucht.

Wie es bei einem Menschen, der sich dem politischen Streit ausgesetzt, dem politischen Geschäft verschrieben hat, natürlich ist, hat mich die Frage nach der Macht nicht zur Ruhe kommen lassen. Dabei war politische Macht für mich zu keinem Zeitpunkt dasselbe wie Ämter, Funktionen, Mandate, Weisungsbefugnis über Beamte, erst recht nicht der Stander am Dienst-Mercedes.

Politische Macht war für mich die Möglichkeit, Gesellschaft in einer Weise zu prägen und zu formen, die ich – bei allem Risiko des Irrtums – als richtig und nötig erkannt hatte. Aber wo war diese Macht? Nach beinahe vier Jahrzehnten der Suche fühle ich mich erinnert an ein Kindheitserlebnis. Mich faszinierte beim Blick auf die Berge, die das Hohenloher Land begrenzen, die Stelle, genauer gesagt die Linie, die man gemeinhin Horizont nennt, die für mich aber der Ort war, an dem Himmel und Erde zusammenstießen. Ich wollte unbedingt sehen und erfahren, wo Himmel und Erde sich trafen. Aber als ich mit meinem geduldigen Vater die Stelle erreicht hatte, wo – man hatte es doch aus der Ferne genau gesehen – die Nahtstelle sein mußte, da sah alles aus wie überall: Tannen, Wiesen, ein paar Häuser. Himmel und Erde stießen zwar weiterhin zusammen, aber woanders, wieder in der Ferne. Es dauerte einige Zeit, bis mir klar war, daß die Vergeblichkeit meines Suchens nicht dem Vater anzulasten war.

Daß im Bundestag, zumindest für einen fünfundreißigjährigen Neuling, Macht nicht zu greifen war, hat mir Herbert Wehner – zu Recht – rasch und mit nachhaltigem Erfolg klargemacht. Länger dauerte es, bis ich einsah, daß auch in einer Regierung, zumal für den Chef eines kleineren, jüngeren Ressorts, wenig Macht lag. Lag sie bei den Parteien? Im Parteivorstand, das habe ich seit 1970 erfahren, nicht und im Parteipräsidium, das weiß ich seit 1973, nicht viel mehr.

Kurz: Himmel und Erde stoßen überall und nirgends zusammen. Politische Macht ist überall, wo Beamte entscheiden, Zeitungen werten, Verbände fordern, Parlamentarier votieren, Parteitage abstimmen, Gerichte sprechen, aber vor allem da, wo Bürger sich sammeln und ihre Rechte wahrnehmen. Mag ökonomische Macht leichter zu lokalisieren und ungestörter zu handhaben sein, politische Macht entsteht und verschiebt sich vor allem an der Basis, da wo Bewußtsein sich bildet und wandelt. Wo von der Basis her, durch verändertes Bewußtsein, etwas Neues mehrheitsfähig wird, finden sich früher oder später auch politische Kräfte, die sich diese Mehrheit zunutze machen. Wenn man sich in der Politik auf eines verlassen kann, dann auf den Opportunismus. Das gehört zu den Grundregeln aller Politik. Aber dies bedeutet auch: Solange etwas nicht mehrheitsfähig ist, wird es auch unter Politikern immer nur eine bescheidene Minderheit geben, die dafür eintritt. Das war so, als es um die Betonierung der Landschaft oder um Energiesparen ging, das wird immer so sein, bis Trampelpfade ausgetreten sind und man sich dort nicht mehr zerrissene Hosen oder blutige Finger holt.

Weitaus die meisten Politiker halten es nicht für ihre Sache, an Bewußtseinsänderungen mitzuwirken; sie werden aber immer da sein, wo die Mehrheit ist. Es hat keinen Sinn, darüber zu jammern. Das ist wohl so, seit es Politik gibt.

Mich interessiert daher immer weniger, was die ausgepichten Taktiker kungeln, denn sie bewegen nichts außer sich selbst und ein paar andere auf die erwünschten Posten. Mich fasziniert, was im Bewußtsein der Menschen vor sich geht, den Jungen, den Frauen, den Arbeitern, den Handwerkern, den Studenten. Macht, das bedeutet heute für mich die Fähigkeit, etwas mehrheitsfähig zu machen, was vorher nicht mehrheitsfähig war. – Die Macht kommt letztlich nicht aus den Gewehrläufen, sondern aus dem Bewußtsein der Menschen.

Die Ohnmacht der Mächtigen

Politiker übernehmen sich gründlich, wenn sie von «Bewußtseinsbildung» reden und sich solche selbst zutrauen. Was sie können – und einige wenige haben es getan – ist, neu gewachsenes Bewußtsein zu nutzen zu kleinen Schritten, zu begrenzten Entscheidungen, die dann ihrerseits wieder soviel neues Bewußtsein schaffen, daß ein neuer kleiner Schritt möglich wird. So ist Brandts Ostpolitik durchgesetzt worden gegen ebenso mächtigen wie wütenden Widerstand.

Niemand kann Bewußtseinswandel bewirken, kein Philosoph, kein Publizist, kein Politiker. Das kann nur eine veränderte Wirklichkeit, das können nur die Erfahrungen des Alltags. Aber etwas anderes ist ebenso möglich wie unerläßlich, wenn aus gewandeltem Bewußtsein politische Macht werden soll: Den Bewußtseinswandel bewußt zu machen, ihn in Worte zu fassen, ihm Sprache zu verleihen, ihn über sich selbst aufzuklären. Denn nur was sprachfähig geworden ist, was sich präzise artikulieren läßt, kann auch politikfähig werden.

Zu Beginn der achtziger Jahre bekam ich Hunderte von Briefen als Echo auf ein Buch (Wege aus der Gefahr). Der Tenor der meisten war: was Sie da schreiben, ist mir nicht neu, ich habe es eigentlich schon lange gewußt, aber jetzt kann ich es auch sagen. Und manche fügten hinzu: Jetzt will ich mich auch engagieren.

Wäre das neue Bewußtsein nicht längst dagewesen, wäre aus dem Buch niemals ein Bestseller geworden, es wäre untergegangen in der Flut der Neuerscheinungen. Aber indem es weite Verbreitung fand, tat es seinen Dienst, den politisch engagierte Intellektuelle zu leisten haben: die Verbindung herzustellen zwischen neuem Bewußtsein und politischer Gegenmacht.

Natürlich, auch damit ist längst nicht alles getan. Der – artikulationsfähige – Bewußtseinswandel muß die Gebilde ergreifen, durch die Macht ausgeübt wird, zum Beispiel politische Parteien. Als die deutschen Sozialdemokraten sich gegen neue Raketen entschieden, war es die Parteibasis, die entschied, nicht, wie sonst, die Spitze. Die Friedensbewegung war in die Partei eingedrungen. Die Ortsvereine, Kreisverbände, Bezirksparteitage stellten fest: wir wollen keine Nachrüstung und keine Nach-Nachrüstung. Wir wollen, daß dieses makabre Spiel ein Ende hat. Und der Bundesparteitag in Köln vollzog, was an der Basis entschieden worden war. Parteien haben ihre Traditionen und ihr Beharrungsvermögen. Wer sie ändern will, muß ihre Programme ändern. Das kann Jahre dauern. Die deutschen Sozialdemokraten haben erst im letzten Monat der achtziger Jahre ein neues Grundsatzprogramm verabschiedet, das den Bewußtseinswandel der vergangenen zwei Jahrzehnte in Programmsätze faßte. Die andere große Volkspartei in der Bundesrepublik hat dies bis heute nicht getan. Sie ist noch nicht so weit.

Natürlich: Programme sind eine Sache, praktisches politisches Handeln eine andere. Und doch hängen beide zusammen. Was einmal als Programm beschlossen wurde, ist entweder bereits Ausdruck politischer Praxis, oder es geht irgendwann einmal auch in die politische Praxis ein. Die Umsetzung in die Praxis kann noch einmal so lange dauern wie die Zustimmung zu neuen Programmen. Der Weg vom Bewußtseinswandel in die Strukturen ist lang, aber es gibt ihn. Und die neuen Bewegungen, die den Bewußtseinswandel widerspiegeln und gleichzeitig vorantreiben, sorgen für Beschleunigung auf diesem langen Weg. Das ist eine ihrer wichtigsten Funktionen.

Originäre und abgeleitete Macht

Vielleicht bietet sich, wo von Parteien die Rede ist, eine andere Unterscheidung an: die zwischen originärer und abgeleiteter Macht. Politische Macht, zumal die Macht von Parteien, ist meist abgeleitet, von originärer Macht abhängig. Eine Gewerkschaft hat, indem sie die Interessen ihrer Mitglieder wahrnimmt und damit auch Einfluß auf ihre Mitglieder hat, originäre Macht. In ihr ballt sich der Wille und das Interesse von Tausenden von Menschen, die sich dies etwas kosten lassen. Diese Macht ist gänzlich unabhängig davon, welche Partei regiert. Es kann sogar sein, daß die Gewerkschaft ihre Lohnkämpfe leichter bestehen und rechtfertigen kann, wenn keine Partei regiert, die ihr nahesteht. Umgekehrt sieht es anders aus: Einer Partei kann es durchaus nicht gleichgültig sein, welche Töne eine Gewerkschaft im Wahlkampf anschlägt, ob sie, direkt oder leicht verschlüsselt, die Wahl oder Nichtwahl einer Partei empfiehlt. Weil sie originäre Macht haben, lassen sich Gewerkschaften von Parteien viel weniger gefallen als Parteien von Gewerkschaften.

Mehr noch als bei Gewerkschaften und Verbänden ist originäre Macht bei Konzernen oder Großbanken angesiedelt. Sie können nicht nur großzügig spenden – oder auch Spenden verweigern. Sie können hochdotierte Stellen anbieten für Politiker, die sich in ihrem Sinne bewähren. Sie haben Einfluß auf die Medien. Sie entscheiden über Standorte von Investitionen und damit über Arbeitsplätze und Gewerbesteuern.

Ein Vorstandssprecher, das habe ich erfahren, kann sich eher den Streit mit einem Minister leisten als umgekehrt. Daher gibt es nicht wenige Politiker, die ihre Macht ganz konsequent und genau kalkulierend von originärer Macht ableiten. Das bedeutet nicht unbedingt simplen Lobbyismus, der bis zur Käuflichkeit gehen kann, wohl aber die bewußte und demonstrative Abstützung der eigenen Position auf originäre, meist ökonomische, Macht: eine Industriebranche, einen Konzern, den Bauernverband, eine Gewerkschaft. Der geschulte Karrierist weiß genau, was er wann und wo zu sagen und zu tun hat, um seine Karriere zu fördern. Aber er bringt es bestenfalls zum Handlanger von Mächtigeren, jedoch weniger Eitlen, die ihm das Agieren im Scheinwerferlicht der politischen Bühne lächelnd überlassen.

Bürgerinitiativen und die Zusammenschlüsse ökologischer Gruppen haben durchaus originäre Macht, keine große, aber originäre. Sie brauchen auf niemanden Rücksicht zu nehmen, keine Kompromisse zu schließen. Sie können, indem sie Parteien oder Regierungen tadeln oder loben, durchaus auf Wahlentscheidungen einwirken. Sie können, indem sie gewisse Produkte empfehlen oder davon abraten, sogar begrenzte wirtschaftliche Macht ausüben. Sie können, indem sie auf Gefährdungen hinweisen, Verwaltung und Politik unter Rechtfertigungszwang, Beweiszwang, gelegentlich auch unter Handlungsdruck setzen. Sicher, die Mitglieder solcher Gruppen fühlen sich meist machtlos. Aber sie sind es nicht. Sie müssen auf Parteien weniger Rücksicht nehmen als die Parteien auf sie. Sie haben ihre Macht unmittelbar von denen, die mit ihnen eine Müllverbrennungsanlage verhindern, eine Kompostierungsanlage einrichten, eine Geschwindigkeitsbegrenzung durchsetzen wollen. Und wo es das kommunale oder landesweite Volksbegehren und den Volksentscheid gibt, haben sie ein wirksames Druckmittel gegen Kommunalverwaltungen oder Gemeinderäte, Landesregierungen und Landtage. (Warum sollte dies übrigens bei Bundesangelegenheiten schädlich sein?)

Originäre Macht – Ausnahme in der Politik

Originäre Macht, also Macht, die nicht verliehen, jederzeit verlagert oder entzogen werden kann, ist in der Politik die Ausnahme. Aber es gibt sie. Sie bildet sich da, wo ein Mensch für etwas einsteht, für eine Sache steht, die vielen Menschen wichtig ist, da, wo Hoffnungen sich an einen Menschen knüpfen, nicht die Erwartungen einer Interessengruppe und ihrer Funktionäre, sondern die ängstlichen, angefochtenen Hoffnungen vieler Menschen.

Originäre politische Macht hat mit Vertrauen zu tun, und zwar Vertrauen in eine Person. In den kommunistischen Systemen war solches Vertrauen im Grunde nicht vorgesehen. Die Menschen hatten der Partei zu vertrauen, die immer recht hatte. Und auch die ersten Männer dieser Systeme – Frauen standen nicht zur Diskussion – legten Wert darauf, daß sie ihre Macht als Vertreter der Partei beanspruchten, nicht als Person. Daß ein Mann wie Stalin sich zum Diktator aufschwingen konnte, zeigt nur, was sich mit einer weltfremden Theorie anstellen läßt.

In diese Theorie paßte Lenins Wort, Vertrauen sei gut, Kontrolle besser. Danach wurde gehandelt. Die Kontrolle wurde immer perfekter, schließlich lückenlos; viele Kilometer Akten häuften sich bei den Sicherheitsdiensten, nur das Vertrauen fehlte, es konnte sich nicht bilden, oder es schmolz rasch wieder dahin. Zum Schluß brach die Kontrolle wie ein Kartenhaus zusammen, weil der letzte Rest von Vertrauen aufgebraucht war, auch bei den Kontrolleuren.
Mit Lenins Maxime läßt sich eine Demokratie nicht bauen. Für eine Demokratie stimmt genau das Gegenteil. Kontrolle, zumal Machtkontrolle ist nötig, unerläßlich. Aber Vertrauen ist besser. Vertrauen in Menschen, darin, daß jemand bestimmte Dinge niemals tun wird, daß jemand für etwas einsteht, auch wenn er zeitweise nichts bewegen kann als die Fäuste, die auf ihm herumprügeln.
Brandt hatte originäre Macht in hohem Maße, weil Millionen Menschen auf ihn setzten. Sie vertrauten ihm, seiner Menschlichkeit. Es kommt selten vor, daß ein Politiker menschlich reifer wird. Die Hektik des Machtkampfes, das Verletzen und Verletztwerden kann Menschen erschöpfen, abnutzen, verhärten, deformieren, und zwar um so schlimmer, je weniger sie es bemerken. Das Hetzen von Termin zu Termin, das viel zu viele Reden, die permanente Erziehung zur Eitelkeit (wie bin ich angekommen?), das alles hemmt einen natürlichen Reifungsprozeß.
Da fällt es schon auf, wenn ein Mensch wie Willy Brandt ein halbes Jahrhundert Politik nicht nur als Mensch überlebt, sondern menschlich verarbeitet hat, wenn lange eiternde und schließlich vernarbte Verletzungen, herrliche Triumphe, gnadenlose Grabenkämpfe und ermüdender Alltagstrott einen Menschen zunehmend menschlicher gemacht haben.
Teil dieser menschlichen Reifung ist die Distanz zur Macht. Originäre Macht läßt sich nicht erjagen. Wie ein gesundes Kind entzieht sie sich dem Aufdringlichen und kommt zu dem, der nicht auf jenen Glanz der Macht angewiesen ist, der so viele fasziniert. Willy Brandt hat, etwa seit 1965, ein ebenso intensives wie distanziertes

Verhältnis zur Macht. Seit jener Lebenskrise im Herbst 1965, als zum zweitenmal der Anlauf zur Kanzlerschaft mißlungen war, ging Brandt mit der Macht um, wie erfahrene Menschen mit fremden Kindern umgehen: sie kommen dann am ehesten auf uns zu, wenn wir uns ihnen nicht aufdrängen. Brandt ist Brandt, mit oder ohne Amt. Aber eben diese Gelassenheit schafft Vertrauen. Man braucht ihn. Die Macht kommt zu ihm. Und niemand übt seine Macht behutsamer aus als er. Wo andere schneidig kundtun, wo's lang geht, so daß nur schweigende, manchmal grollende Zustimmung oder der frontale Widerspruch übrigbleibt, hört er zu, und nur der Eingeweihte kann an seinem Minenspiel – das er glücklicherweise nie ganz unter Kontrolle gebracht hat – erkennen, was er denkt. Manchmal ist es die Betonung eines Wortes, seltener eine vorsichtige Frage, womit er seine Meinung ausdrückt. Bei Kabinettssitzungen ließ er geduldig seine Minister streiten, am Schluß faßte er zusammen, und die Zusammenfassung, oft als Beschluß protokolliert, entsprach meist seiner Auffassung. Wenn allerdings jemand, der selten mehr als einen Bruchteil seiner Autorität ausspielt, einmal sagt «So will ich's haben und so nicht!», verstummt der Widerspruch.
Mir selbst ist an originärer Macht nur wenig zugewachsen, fast keine, solange ich Bundesminister war, etwas mehr, als ich nach meinem Rücktritt auf institutionelle Macht mehr und mehr verzichtete und Bücher schrieb, neue Begriffe einführte, Voraussagen wagte, Dogmen anzweifelte, Thesen aufstellte, manchmal schlicht «nein» sagte, also damit begann, neues Bewußtsein sprachfähig, artikulationsfähig und damit politikfähig zu machen.

Politiker und ihre Macht

Anders als Willy Brandt hat Herbert Wehner solche originäre Macht nie gehabt, genauer: sie ist ihm nur innerhalb seiner Partei zuteil geworden, wo politisch wache Menschen ihn zwar nicht immer verstanden, wohl aber die Abgründe ahnten, an deren Rand

dieser Gezeichnete – wie er sich selbst nannte – sich bewegte. Vertrauen im Volk genoß er nie. Er, der seine Parteifreunde vor allem danach beurteilte, ob sie Wahlen gewinnen könnten, hat sich nie als Spitzenkandidat einer Wahl gestellt, und er wußte warum.
Herbert Wehner hatte ein elementares, direktes, leidenschaftliches, fast erotisches Verhältnis zur Macht. Dabei war er ohne jede Eitelkeit, auch ohne Lust an der Macht. In seiner Leidenschaft zitterte in jedem Augenblick noch das Leiden am Elend der Machtlosigkeit nach, der Schmerz darüber, daß er seinerzeit ohnmächtig zusehen mußte, wie Deutschlands und Europas Unheil sich vollzog. Wehner rang um die Macht nicht, weil ihre Ausübung ihm Spaß gemacht hätte, wohl auch kaum, um die Welt grundlegend zu verändern. Er spürte der Macht nach und klammerte sich daran, um die Unmenschlichkeit in Schranken zu halten, auch, um einfach zu helfen, einer Rentnerin oder einem politischen Gefangenen. Daß er in diesem Ringen um Macht sich verzehrte und auch unmenschlich werden konnte, bezeugen nicht wenige Opfer seiner Leidenschaft. In den letzten Jahren seiner Wirksamkeit konzentrierte sich sein Interesse immer mehr auf Machtfragen. Das in Gesellschaft und Partei neu gewachsene Bewußtsein blieb ihm fremd.
Ein ebenso direktes, aber viel einfacheres Verhältnis zur Macht hat Helmut Kohl. Er kann, im Gegensatz zu Wehner, Macht genießen. Parteifreunde berichten, daß ihm Sachfragen oft rasch langweilig würden, daß er aber sofort hellwach sei, wenn es um Machtfragen – und das sind für ihn häufig Personalfragen – gehe.
Wenn Helmut Kohl seine Macht genießt, dann ist es einfach das Gefühl, oben zu sein, es geschafft zu haben, allen und allem zum Trotz, Weisungen zu geben, sich zuarbeiten zu lassen. Nicht, daß anderen Kanzlern solche Gefühle ganz fremd gewesen wären, aber sie waren überlagert von anderen, stärkeren.
Nicht jeder kann aus der Tatsache, daß er Kanzler wurde, schließen, die Welt müsse ja wohl in Ordnung sein, sonst wäre er nicht Kanzler geworden. Wer so empfindet, braucht gar nichts Aufregendes zu tun, für ihn reicht es schon, da zu sein und damit zu ver-

hindern, daß ein anderer da ist und – in Kohls Sicht – Unsinniges anstellt. Aber dieser andere hätte es schwerer mit dem Auskosten der Macht, zumal wenn er allen Ernstes meint, in dieser Welt sei manches erst in Ordnung zu bringen.
Von einem Politiker solchen Zuschnitts zu erwarten, daß er von den Sorgen derer umgetrieben werde, die in einer Welt der Ozonlöcher, der sterbenden Meere und Wälder um die Zukunft ihrer Kinder und Enkel bangen, ist allerdings vergeblich. Die einzige Sachfrage, die Kohl bisher wirklich zu seinem Thema gemacht hat, war die deutsche Einheit. Aber die hatte in vielfältiger Weise mit Macht zu tun, mit der Macht seines Staates, seiner Partei und nicht zuletzt seiner Person.
Es gibt noch eine andere, subtilere Weise, Macht zu genießen. Karl Schiller hat sie uns vorgeführt: Macht als Chance perfekter Selbstdarstellung, Macht als Bestätigung der eigenen, in der Tat hochintelligenten Person, Macht als Zelebration eines überlegenen Geistes, wo jede Geste, jeder Tonfall, jede Formulierung, jede neue Wortprägung ein Mosaikstein wird zum Kolossalbild des Stars. Ausgekostet wird da nicht das Amt, das Oben-Sein, sondern der Auftritt, die Resonanz, die Zustimmung, die Bewunderung. Wenn im Kabinett der Großen Koalition der Finanzminister Strauß, von Kanzler Kiesinger immer zuerst aufgerufen, die Vorlagen zur Finanz- und Wirtschaftspolitik umständlich erläutert hatte, sprach Wirtschaftsminister Schiller anschließend mindestens fünf Minuten länger, auch wenn Strauß seine Kollegen schon durch Weitschweifigkeit genervt hatte. Was immer die Selbstdarstellung des großen Ökonomen stören oder auch nur relativieren konnte – zum Beispiel die ökologischen Fragezeichen an seiner Wirtschaftspolitik – mußte er als Sektiererei Unkundiger abtun.
Irgendwo zwischen Schiller und Wehner dürfte Helmut Schmidt angesiedelt sein. Mit Wehner teilte er den Instinkt für die Macht. Er spürte, wo Macht lag, wie sie zu erringen und vor allem, wie sie dann zu verteidigen war. Im Bruchteil einer Sekunde erkannte er die Blöße des Gegners, der ihm die Macht streitig machen konnte. Dabei kann er bis heute durchaus auch den Auftritt, seine Popula-

rität, seine Überlegenheit auskosten. Aber dies alles wird überlagert durch eine preußische Pflichtethik, kantig artikuliert oder auch kantisch überhöht. Diese Pflichtethik ist nicht Tünche; wenn er von Pflicht redet, meint er es auch. Es war seine Pflicht, dafür zu sorgen, daß das Unternehmen Bundesrepublik Deutschland funktionierte. Vielleicht ist es die Weber'sche Kategorie der Verantwortungsethik, die es ihm erlaubte, das Zelebrieren der eigenen Überlegenheit in Einklang zu bringen mit den Forderungen der Pflicht: Wenn all die Schwätzer wüßten, wie unsereinem, der die Verantwortung zu tragen hat, zumute ist!

Was Schmidt mit Wehner und Schiller verband, war die Unfähigkeit zu verstehen, was sich an neuen Fragestellungen in die Politik einschlich. Dabei kam bei Schmidt der erklärte Wille hinzu, alles nicht ernstzunehmen, was seit der Studentenrevolte – die er als Grille verwöhnter Mittelstandskinder abtat – in die Diskussion eingeflossen war. Schmidt hat 1968 die Jalousien heruntergelassen. Auf ökologische Dringlichkeiten angesprochen, pochte er auf den Vorrang der Ökonomie, Kritik an seinem Mangel an ökologischer Sensibilität konnte er mit dem Hinweis auf die Botanisiertrommel seiner Frau beantworten.

Aber wer Schmidt vorwerfen wollte, er habe die Macht nur um der Macht willen gesucht, würde ihm Unrecht tun. Er verzehrte sich im Dienst am Gemeinwohl, wie er es verstand. Und er verstand, bezogen auf die Gesellschaft der sechziger Jahre, sehr viel mehr davon als andere.

Schließlich, um der These von der Macht als Symptom von Krankheit zu widersprechen, noch das Beispiel eines Mannes, der den Umgang mit der Macht als Vorsitzender der Bauarbeitergewerkschaft gelernt hat: Georg Leber. Er hatte immer, auch als Minister, ein durch und durch gesundes Verhältnis zur Macht. Er kann, wie sich gezeigt hat, auch ohne Macht sehr gut leben, er braucht nichts zu kompensieren. Leber ist Leber. Aber wenn man ihm Macht überträgt, übt er sie aus, als ob die Lebers seit Jahrhunderten nie etwas anderes getan hätten. Präzise, selbstverständlich, ohne Arroganz und ohne Schnörkel gibt er Weisungen, trifft er Entscheidungen, immer eindeutig, vielleicht auch simpel, aber auch immer bereit, für die Folgen einzustehen. Kein Wunder, daß die Bundeswehr diesem Mann nachtrauert. Als er 1969 Bundespräsident werden sollte, sagte ich ihm: Meine Unterstützung für dieses Amt bekommst Du nicht. Da darfst Du genau das nicht tun, was Du am besten kannst: Macht ausüben, entscheiden, hinstehen, verantworten.

Der Linkskatholik Leber gehört zu den Politikern, deren Charakter sich durch Politik zu keiner Zeit verbiegen oder gar verderben ließ. Um ihn war immer die Atmosphäre eines selbstverständlichen, unaufdringlichen Anstands. Aber die These, daß der Bewußtseinswandel der letzten zwei Jahrzehnte um so rascher vorankam, je größer die Entfernung von der Macht war, hat auch er nicht widerlegt.

Der Druck von unten wird stärker

Seit zwei Jahrzehnten wissen wir nun, daß Fortschreibung keine Zukunft mehr ergibt. Bis dahin mußte sich nur die Kursänderung rechtfertigen, jetzt steht das Weiterwursteln unter Rechtfertigungszwang, und unter einem reichlich hoffnungslosen dazu. Die Wachstumskurven bei Industrieproduktion und Energieverbrauch, Autoverkehr und Landschaftsverbrauch, Agrarchemikalien und Müllaufkommen, vor allem aber bei der Zahl der Erdenbürger führen, weiter extrapoliert, in Katastrophen. Wir können nicht genau vorhersagen, wann sie eintreten, wie sie aussehen, vor allem nicht, wie sie sich verflechten und gegenseitig steigern, ob sie uns in Form immer neuer Einzelkatastrophen aufscheuchen – die optimistischere Variante – oder ob sie sich irgendwann zu einer Gesamtkatastrophe unserer Zivilisation verknäueln und verquikken. Ein Beispiel: Unter Wassermangel leiden heute schon Hunderte von Millionen. Man kann schätzen, wieviele es in zehn oder zwanzig Jahren sein werden. Aber wie das sein wird, wenn die tropischen Wälder bis auf klägliche Reste abgeholzt sind, die Klimazonen sich verschieben, die Vergiftung des Wassers durch Schwermetalle, Nitrate oder Dioxin weiter zugenommen hat und dann nicht mehr fünf, sondern sechs oder acht Milliarden Menschen essen und trinken wollen, das können zwar Computer errechnen, aber nur auf Grund von Vorgaben, von denen niemand weiß, ob sie eintreffen. Was Computer längst präzise ausgerechnet haben, ist das, was wir auch ohne Computer wissen: so dürfen wir nicht weitermachen. Die Studie Global 2000 für Präsident Carter hat dies wohl am eindringlichsten bewiesen.[2] Aber sein Nachfolger Ronald Reagan hat diesen Bericht wohl nie gelesen, und seine Administration hat so getan, als hätte es ihn nie gegeben.

Es stimmt nicht, daß, seit wir dies alles wissen – oder doch wissen könnten –, nichts geschehen sei. Seit der erste Bericht des Clubs von Rom uns aus der Fortschrittsseligkeit eines Hermann Kahn herausriß, ist viel geschehen: Ökologisches Bewußtsein ist zur politischen Kraft geworden, die Frauen haben sich mehr Rechte in Familie und Gesellschaft erstritten, Friedensbewegungen haben es mit der Rüstungslobby aufgenommen, und jetzt beginnt, was wir vor wenigen Jahren noch nicht zu glauben wagten, wirklich die Abrüstung. Die Zeiten sind längst vorbei – und es gab sie doch! –, wo ökologische Einwände als Spinnerei abgetan, der Ruf nach Abrüstung als gefährlicher Illusionismus verdammt, der Hinweis auf den Hunger in der Dritten Welt als Idealismus belächelt oder die Frage nach dem Anteil der Frauen an einer Konferenz als ungehörige Emanzen-Nörgelei zurückgewiesen wurde.

Es ist wichtig, dies festzuhalten, weil der Rückblick auf Erfolge auch dann ermutigt, wenn eigentlich, diesem Planeten zuliebe, viel mehr hätte erreicht werden müssen. Es ist tröstlich zu sehen, daß Politiker, die Wahlen gewinnen wollen, sich in den neunziger Jahren anders verhalten müssen als in den siebziger Jahren. Die letzte große Bestandsaufnahme, der Brundtland-Bericht[3], ist schon tiefer in die Politik eingedrungen als seine Vorläufer.

Sicher, es macht einen gewaltigen Unterschied, ob Wahlstrategen einfach ein Thema «besetzen» – und es gibt Zuständige in den Parteizentralen, die genau sagen können, wann und mit welchen

Schlagworten welches Thema zu besetzen ist –, oder ob eine Regierung und ihre Parlamentsmehrheit es wirklich wagen, sich mit den Lobbies des Güterfernverkehrs oder der Großchemie, mit den Energieversorgungsunternehmen oder dem Bauernverband anzulegen. Sicher: bislang wird mehr geredet als getan. Aber irgendwann wird der Druck von unten zu groß, wird die Basis so ungeduldig, daß die Begriffsbesetzer nur noch Zorn, die Schönredner nur noch Gelächter und die ganz Dickfelligen nur noch Kopfschütteln hervorrufen. Wenn einmal Landräte wirklich nicht mehr wissen, wo sie den Müll unterbringen sollen, wenn Ärzte der Volksseuche immer neuer Allergien immer hilfloser gegenüberstehen, wenn allzuviele Eltern allzulange ihre Kinder in Pseudo-Krupp-Anfällen keuchen und würgen gesehen haben, dann geht die Zeit der Schwätzer und Vertröster, der Klischeeproduzenten und Begriffsbesetzer zu Ende.
Gewiß, die alten Machtstrukturen sind zäh, und damit auch die Ideologien, die diese Machtstrukturen stützen und rechtfertigen. Manche ihrer Repräsentanten fühlen sich durch den Zusammenbruch der kommunistischen Systeme so restlos bestätigt, so selbstzufrieden, daß sich ihre Neigung zu lernen noch einmal verringert hat. Wo es keine Alternative gibt, so meinen sie, bleibt das Bestehende unangefochten. Sie sollten sich nicht täuschen: um die Alternative, die jetzt in sich zusammengefallen ist, ging es nie in den letzten zwanzig Jahren. Die Zeiten sind vorbei und kommen nie wieder, wo sich unsere wirtschaftliche und politische Wirklichkeit damit rechtfertigen konnte, daß sie allemal besser sei als kommunistische Kommandowirtschaft plus Staatssicherheitsdienst. Jetzt kann sich unser politisches und ökonomisches System nicht mehr damit herausreden, daß es besser sei, es muß nachweisen, daß es gut ist, also den Aufgaben angemessen, die nur noch von den ganz Hartleibigen geleugnet werden. Oder genauer: Jetzt kann niemand mehr der Frage ausweichen, was sich denn bei uns zu ändern habe, damit wir uns – oder doch unsere Kinder und Enkel – nicht selbst umbringen. Das wird schwieriger, aber auch ergiebiger als der Vergleich mit einem System, das nie richtig funktioniert und

sich schließlich selbst aufgegeben hat. Es wird auch nicht mehr so einfach sein, Unbequeme als Handlanger des Weltkommunismus abzutun. Wir können und müssen uns konzentrieren auf das, woran unsere Enkel uns messen werden.
Es wird nicht mehr gelingen, die Furcht vor der Klimakatastrophe durch die Angst vor russischen Panzerarmeen zu betäuben. Es wird nicht mehr möglich sein, die Energien des Westens auf die Abwehr einer militärischen Gefahr von außen zu konzentrieren. Das Wichtige wird sich nicht mehr als das relativ Unwichtige beiseite schieben lassen.

Politik macht sich lächerlich

Die Wirklichkeit kommt zu ihrem Recht. Die Diskussion in der Öffentlichkeit wird sich immer mehr auf die Aufgaben konzentrieren, an deren Erledigung unsere Kinder und Enkel uns messen werden. Dazu muß allerdings Politik sich ändern. Genauer: sie muß wieder Gestaltung der Polis werden.
Was die Politik heute besonders in Verruf bringt, ist der wachsende Abstand zwischen dem, was zu tun wäre, und dem, was getan wird, zwischen dramatischen Überlebensfragen und einem oft selbstgefälligen und häufig phantasielosen Vollzug wirklicher oder angeblicher Sachzwänge, die Kluft zwischen einer Welt voller Risiken und einem Politikverständnis, das sich auf Wirtschaftswachstum und seine Verteilung konzentriert und sich im taktischen Geplänkel um die Macht zu erschöpfen scheint.
Was Politik oft lächerlich macht, ist der Abstand zwischen Anspruch und Hilflosigkeit, zwischen Sonntagsreden und Feigheit vor Interessentenmacht, zwischen guter Absicht und dem Vollzug angeblicher Sachzwänge, die meist Denkzwänge sind. Von einer Regierung erwarten die Menschen – zu Recht –, daß sie regiert. Sie wollen von einem Verkehrsminister, Entwicklungsminister oder Umweltminister nicht wissen, wie er die Welt gerne haben möchte, sondern was geschieht, was er durchsetzt. Und vor allem

wollen sie wissen, wer letztlich das Sagen hat, die Politiker, die sich vor den Fernsehkameras produzieren, oder irgendeine Lobby, die nicht nur im Parlament selbst vertreten ist, sondern auf Gesetzentwürfe schon Einfluß nimmt, ehe das Parlament sie zu Gesicht bekommt.
Diese Gefahr der Lächerlichkeit läßt sich am besten deutlich machen am Beispiel Wackersdorf. Aus welcher Perspektive auch immer wir die Geschehnisse um die Wiederaufarbeitungsanlage für Kernbrennstoffe betrachten, aus der Perspektive der bayerischen Landesregierung oder der Menschen in der Oberpfalz oder aus dem Blickwinkel der Manager der Atomindustrie: in jedem Fall müssen die Politiker sich selbst und andern lächerlich vorkommen.
Da hat der Deutsche Bundestag im Jahre 1976, also etwa zwei Jahrzehnte nach der Entscheidung für die Atomenergie, in einer Novelle (Nachtrag) zum Atomgesetz endlich die Entsorgung geregelt. Schon da kann man fragen, wie das Verhältnis zwischen Atomindustrie und Politik beschaffen gewesen sein muß, wenn erst Mitte der siebziger Jahre etwas zum politischen Thema wurde, was doch wohl hätte geregelt werden müssen, ehe mit dem Bau des ersten Reaktors begonnen wurde. 1976 entschied sich eine sozialdemokratisch geführte Bundesregierung für die Methode der Wiederaufbereitung, natürlich aufgrund von Gutachten, die unter hundert Parlamentariern nicht einer auf ihre Stichhaltigkeit prüfen konnte.
Kaum hatte der Bundestag die von der Regierung vorgelegte Novelle zum Atomgesetz verabschiedet, da behaupteten andere Gutachten, die direkte Endlagerung sei günstiger. Aber nach dem Gesetz war es nun Pflicht der Regierungen, für die Wiederaufarbeitung zu sorgen. Und da sich der niedersächsische Ministerpräsident nicht zutraute, eine entsprechende Anlage gegen den Willen seiner Bevölkerung durchzusetzen, ging die Atomindustrie nach Bayern, wo klare politische Verhältnisse herrschten und überdies ein Ministerpräsident, der auf alles setzte, was sich als technischen Fortschritt ausgab.

Und nun begann eine große Volkspartei, die sich auf drei von fünf bayerischen Wählern stützen konnte, urbi et orbi, patriae et regioni klarzumachen, warum eine Wiederaufbereitungsanlage notwendig, unverzichtbar, alternativlos, lebenswichtig, unabweisbar sei, wenn die Bundesrepublik nicht zum technologischen Entwicklungsland verkümmern solle. Und sie setzte Regimenter von Polizisten ein, Wasserwerfer, Tränengas und Hubschrauber, ließ ihre eigenen Bürgerinnen und Bürger blutigschlagen, damit hinter einem überdimensionalen Zaun, der an den Eisernen Vorhang erinnerte, ein Sachzwang vollzogen werden könne, den die unwissenden und uneinsichtigen Oberpfälzer nicht begreifen wollten. Sie überzog den zuständigen Landrat mit einem Disziplinarverfahren, weil dies alles seinem Verständnis von Demokratie widersprach.

Im Frühjahr 1989 war dies alles plötzlich nicht mehr wahr. Jetzt rechneten dieselben Manager, von denen sich die Unionsparteien einspannen ließen, mit spitzem Griffel aus, daß sie sehr wohl ohne Wackersdorf, ja weit besser ohne Wackersdorf leben können. Nicht nur, daß der Mohr der CSU nun seine Schuldigkeit getan hatte, eine große Volkspartei mußte sich nun öffentlich vorhalten lassen, sie habe sich zum kritiklosen, willfährigen und überdies wenig zimperlichen Büttel von Interessen erniedrigen lassen, die den Interessen ihrer Wähler genau entgegengesetzt waren.

Hier sind wir am Nerv unserer Demokratie. So, genau so macht sich demokratische Politik nicht nur unglaubwürdig, sondern lächerlich.

Was sollen die Bürgerinnen und Bürger künftig davon halten, wenn ihnen eine Regierung oder eine Partei wieder einmal etwas als unabweisbar, alternativlos, lebenswichtig und unverzichtbar aufreden will? Sie werden nach den Hintermännern Ausschau halten, die da ihre Marionetten tanzen lassen. Man mag einwenden, Mißtrauen sei eine demokratische Tugend. Sicher. Aber ohne ein Mindestmaß an Vertrauen und vor allem Vertrauenswürdigkeit kann Demokratie nicht leben. Wenn einmal demokratische Politik als vordergründiges Spektakel abgetan werden kann, wofür

sollen die Menschen sich noch engagieren? Worauf sollen sie setzen? Auf die direkte Aktion? Den Druck von unten?
Schließlich muß auch jemand da sein, der den Druck von unten glaubwürdig in Gesetze und Verwaltungsakte umsetzen kann. Und sogar ziviler Ungehorsam ergibt nur Sinn, wenn er darauf aufmerksam machen will, daß eine Regierung ihren Eid auf die Verfassung nicht ernst genug nimmt. Was, wenn es darauf gar nicht mehr ankommt, weil letztlich die gar nicht entscheiden, die so feierlich geschworen haben?

Politik in der Risikogesellschaft

Ulrich Beck hat uns das Stichwort von der Risikogesellschaft gegeben.[4] War unsere Gesellschaft vor zwei Jahrzehnten noch ganz auf Fragen des Wohlstands und seiner Verteilung konzentriert, so treten jetzt mit wachsendem Tempo Risiken und Gefährdungen in unser Bewußtsein.
Was hat, ehe der Umbruch im Osten begann, die Schlagzeilen unserer Zeitungen beherrscht? Flugzeugunfälle wie in Ramstein und Remscheid, Atomanlagen wie Biblis und Wackersdorf, defekte oder gesprengte Boeings, Flugzeugentführungen und Luftterrorismus, tote Robben und ölverschmierte Küsten, Giftmülldeponien und gefährliche Transporte, Chemiefabriken in Libyen und Atombomben in Pakistan, Hormonkälber und radioaktiv verseuchte Pilze, Seuchen bei Rindern und Schafen, Asbestschulen und Unfallziffern, nitrathaltiges Grundwasser und vergiftete Luft, Müllverbrennungsanlagen und Mülldeponien, Dioxin in Nahrung und Muttermilch, erodierende Böden und sterbende Wälder bei uns und im Süden der Erde, Pseudo-Krupp und eine Flut von Allergien, Ozonloch und Klimaveränderung, AIDS und gentechnisch erzeugte Pflanzen und Tiere. Und das wird bald wieder so sein. Sogar in den Lokalteilen unserer Zeitungen überwiegen heute die Risikothemen.
Für die meisten dieser Risiken gilt, daß sie sich – im Gegensatz zu

dem Risiko, vom Pferd zu stürzen oder an Tuberkulose zu sterben – weder örtlich noch zeitlich noch sozial eingrenzen lassen. Es stimmt schon: Hunger ist hierarchisch, auch im letzten Krieg haben nicht alle gehungert, aber atomare Verseuchung ist egalitär und insofern demokratisch, Nitrat im Trinkwasser macht nicht halt vor dem Wasserhahn des Generaldirektors.
Wir stehen längst mit einem Fuß in der Risikogesellschaft, aber unser politisches System, unsere Interessenvertretungen, unsere Versicherungen – wie versichert man sich gegen den Super-GAU? –, vor allem aber die Mehrzahl unserer politischen Akteure sind geprägt von der Wohlstandsgesellschaft und der Verteilungsgesellschaft, genauer von einer Wohlstandsverteilungsgesellschaft. Gewerkschaften, Unternehmerverbände, Bauernverband, sie alle sind Experten in der Verteilung von Wohlstand.
Es dürfte der Übergang zur Risikogesellschaft sein, was die Politik heute so schlecht aussehen läßt. Noch einmal Wackersdorf: Es ist nicht anzunehmen, daß es in der bayerischen Staatsregierung nur eitel Begeisterung dafür gegeben hat. Aber fast alle beugten sich dem, was sie für einen Sachzwang der technischen Welt hielten, was sie dafür zu halten gelehrt wurden. Was in aller Welt soll man von einem autoritätsgläubigen Kreisrat oder Landtagsabgeordneten erwarten, wenn Professoren und Ministerialbeamte, Ministerpräsident und Kanzler beteuern, es gehe nun eben nicht anders, zumal wenn der Bischof dazu bestenfalls schweigt?
Es gehört zum Politikverständnis der Wohlstandsverteilungsgesellschaft – und das war vor fünfundzwanzig Jahren auch das meine –, daß Entscheidungen über Techniken nicht Sache der Politik, sondern der Experten seien, der Wissenschaftler und Techniker, der Ingenieure und Unternehmer. Sache der Politik ist es dann lediglich, die Infrastruktur herzustellen und für «Akzeptanz» zu sorgen, also den Menschen klarzumachen, daß es leider keine Alternative gebe, daß die neue Technik oder die neue Anlage richtig und nötig, ja «unverzichtbar» sei. Und dies, genau dies und nicht mehr, hat die bayerische Regierung getan. Und genau damit ist sie nun zum Gespött geworden.

Wenn in der Risikogesellschaft die Politik sich damit abfindet, daß Entscheidungen über technische Systeme im vorpolitischen Raum scheinbar unpolitisch getroffen werden, dann findet sie sich rasch in einer peinlichen oder auch lächerlichen Rolle wieder: in der des Akzeptanzbeschaffers, des Sachzwangvollstreckers, des schönredenden Verharmlosers, des Einpeitschers und Durchpeitschers, des Büttels für fremde Zwecke, und manchmal dann auch in der des Mohren, der seine Schuldigkeit getan hat.
Daher ist die Frage, ob es möglich ist, politisch zwischen technischen Alternativen zu wählen – in der Energieversorgung, im Verkehr, in der Chemie, in der Landwirtschaft –, zugleich die Frage nach Möglichkeit, Sinn und Würde demokratischer Politik.

Ein neues Verständnis von Politik ist not-wendig

Der Durchbruch neuen Bewußtseins bedeutet nicht nur eine andere Politik, sondern ein anderes Verständnis von Politik, es bedeutet die Wiedereinsetzung der Politik in ihre Pflichten und Rechte.
Sicher, das braucht Zeit. Was wir heute ziemlich gedankenlos «Entwicklung» nennen, ist ja meist eher ein dramatisches Tauziehen zwischen unterschiedlichen Kräften, bei dem sich erst mit der Zeit herausstellt, welches die stärkere ist. Und der Übergang von der Wohlstandsverteilungsgesellschaft in die Risikogesellschaft stellt sich dar als wechselvolles Ringen zwischen alten Machtstrukturen, herkömmlichen Interessen und neuem Bewußtsein, einer neuen Vorstellung von Politik.
Gewiß, wenn der europäische Binnenmarkt perfekt ist, werden noch mehr Schwerlaster unsere Straßen und Autobahnen verstopfen und verpesten, und wahrscheinlich wird die Lobby dann noch einmal neue Autobahnen verlangen. Aber dann kommt schließlich der Punkt, wo die Kraft eines zornigen Widerstands die Macht der Lobby einholt.
Sicher, in der DDR werden jetzt, auch wenn hier wie dort viele vor

Wut heulen, alle Torheiten nachgeholt, die wir hinter uns haben. Das dortige Recycling-System, aus der Not geboren, wird erst einmal von der Flut des westlichen Verpackungsmülls weggespült, das Energiesystem wird einfach mit dem westdeutschen gleichgeschaltet, die Landschaftszerstörung wird in dem Maße zunehmen, wie westliche Investoren sich die Standorte aussuchen und die dazugehörigen Straßenverbindungen einfordern können. Aber die Ernüchterung wird nicht ausbleiben.

Gewiß, manche Natogenerale und ihr publizistischer Anhang werden uns darüber belehren, daß nun doch die Politik der Stärke gesiegt habe, daß also kein Anlaß sei, sie zu ändern. Aber nach einiger Zeit wird dies langweilig, und die Menschen werden antworten: Sei's drum, aber wozu jetzt noch fünfzig Milliarden für die Rüstung?

Das alles dauert seine Zeit, viel zuviel Zeit, vielleicht mehr, als wir haben. Aber schließlich schlägt sich der Bewußtseinswandel, der Wandel der Wertvorstellungen, auch in politischen Entscheidungen nieder. Neues Bewußtsein ist längst sprachfähig und damit politikfähig geworden. Und die Sprachklischees, in denen altes Bewußtsein sich darstellt, nützen sich ab. Der Trend ist nicht mehr umkehrbar.

Bleibt die Frage, ob wir die Zeit haben, die wir brauchen. «Die Zeit drängt», war der Titel eines Essays von Carl Friedrich von Weizsäcker.[5] Daran zweifeln heute nur noch die ganz Selbstgefälligen. Aber was bedeutet es für unseren Alltag, für unser Handeln, daß die Zeit drängt, daß wir nicht wissen, ob es nicht schon zu spät ist?

Aufgeregtheit, Hektik oder gar Hysterie können das, was nötig ist, eher blockieren als vorantreiben. Wir wissen nicht, ob es schon zu spät ist, ob die Uhr viertel vor oder schon viertel nach zwölf anzeigt. Und das ist gut so. Denn wir müssen, wollen wir etwas erreichen, handeln, als hätten wir die Zeit.

Ingrid Riedel

Die Wandlungen einer Schildkröte oder Überlebens-Zeichen aus dem Unbewußten

Wenn in diesen Tagen, im Sommer 1990, eine deutsche Hochschule, die Gesamthochschule Kassel, das Dach eines ihrer Hauptgebäude mit einem unübersehbaren Raben schmückt (er ist, mit bloßem Auge geschätzt, mehr als zwei Meter hoch), dann weist das – wie der Rabe schon immer – entweder auf das kritische Bewußtsein kommenden Unheils oder aber auf eine besondere Weisheit hin: Weisheit, die in dunklem Gefieder daherkommt, Weisheit angesichts des Dunklen. (Der alte Gott Odin soll sich bei all seinen Ratschlüssen mit seinen beiden Raben Hugin und Munin beraten haben.) Wenn jener Hochschulrabe im morgendlichen Frühnebel oder auch des Abends, wenn eine kühle Brise aufkommt, sein Gefieder bewegt, das wie aus schwarzer Seide gemacht scheint, kann er einem wie lebendig vorkommen, wie sprechend, mehr oder weniger unheimlich auch. Da nun dieses Hauptgebäude samt dem Raben unmittelbar neben einem der belebtesten und verpestetsten Verkehrsknotenpunkte Kassels, dem Holländischen Platz, steht, ist es gar nicht unriskant, vom Auto aus oder auch als Fußgänger einen Blick auf jenen dunklen Vogel zu wagen, es könnte einen in unliebsame Kollision mit anderen Verkehrsteilnehmern bringen, aber man wagt diesen Blick doch. Er übt eine seltsame Faszination aus, dieser Rabe, gerade weil er eine Frage stellt, eine Frage ist, die sich nicht leicht beantworten läßt.

Einer dieser Rabenfragen, die einen in diesen Tagen immer wieder anspringen, war ich sofort wieder konfrontiert, als ich den Eingang jenes Hochschulgebäudes beschritten hatte:

«Das ganze Deutschland ist so groß wie das Ozonloch», dieser

Spruch, auf ein breites Transparent gemalt, von Studenten über einen der Hauptdurchgänge des neuen Universitätsgeländes gespannt, gab nun ohne Frage dem kritischen Bewußtsein Ausdruck, daß auch unter dem Aspekt eines in Bälde wiedervereinigten Deutschlands das sogenannte Ozonloch, das die Atmosphäre der ganzen Erde bedroht, nicht aufhören würde zu wachsen, im Gegenteil, daß es unter der gesteigerten Industrialisierung und Motorisierung, die im östlichen aber auch im westlichen Teil Deutschlands zu erwarten ist, auch zu einem gesteigerten Wachstum des Ozonlochs käme . . .
Die Pointe jenes Transparents liegt ja gerade darin, daß es dieses «historische Thema», das wieder zusammengesetzte Deutschland, das im Sommer 1990 in aller Munde ist, das nicht unerhebliche Gebiet dieses wiederverbundenen Landes, flächenmäßig vergleicht mit der bisherigen Erstreckung jenes Ozonlochs, dessen Wachstum das Leben auf der ganzen Erde bedroht – und das durchaus nicht in aller Munde ist (dessen Gefährlichkeit vielmehr von einigen der größten Industrienationen der Welt, den USA und Japan, auf der letzten internationalen Umweltkonferenz auffällig heruntergespielt wurde). Die geschichtliche Tragweite einer Wiederverbindung der beiden deutschen Hälften ist in den Augen jener kritischen Studenten nicht um einen Deut größer als das bereits sichtbare Ausmaß einer welthistorischen Gefahr, die sich ins Unermeßliche auszuweiten beginnt: die Bedrohung des Lebens auf unserer Erde durch die fortschreitende Umweltzerstörung.
Ich schreibe dies in den Sommertagen des Jahres 1990, in denen sich die Freude über das zusammenrückende Europa in Ost und West, über den Abbau der Feindbilder und Militärblöcke, die Hoffnung auf ein wachsendes Europa, dennoch dunkle Töne mischen, die Meldungen zum Beispiel über die extreme Hitzewelle in Südeuropa samt der entsprechenden Wasserknappheit – wohl doch Vorboten der absehbaren Klimaveränderung – über den Ozonalarm in der Tessiner Ferienstadt Varese, zwischen dem Comer See und dem Lago Maggiore. Hier wurde am 24. Juli 1990 ein Ozongehalt von 550 Mikrogramm pro Kubikmeter Luft gemessen,

(Roland Keller, Chefarzt an der schweizerischen Lungenklinik Barmelweid, bezeichnet Werte von über 500 Mikrogramm pro Kubikmeter bereits schlicht als toxisch). Die Bevölkerung, vor allem ältere Menschen und Kinder, wurden an dem entsprechenden Tag aufgefordert, die Fenster der Häuser geschlossen zu halten und nur in Notfällen auf die Straßen zu gehen. Eine Situation in der Tessiner Ferienlandschaft, wie sie vor einigen Jahren nur in Millionenstädten denkbar war!
Regt sich nun jemand ernstlich darüber auf? Einige gewiß, das Umweltbewußtsein ist deutlich im Wachsen, die Mehrheit aber zieht es dennoch vor, die täglichen Informationen herunterzuspielen, zu überhören oder zu unterdrücken, wie auch zahlreiche öffentliche Stellen in den betroffenen Regionen es tun, um den Ferienbetrieb nicht zu irritieren. Gewiß, solche Informationen sind ja auch schwer zu verkraften!
Was sich erregt und aufbäumt anstelle des Bewußtseins, das die Lage kritisch beurteilen und engagiert handeln könnte, ist vielmehr das Unbewußte des Menschen – und ich möchte mir als Psychotherapeutin erlauben, die Brisanz des Themas von diesem Aspekt her aufzurollen.
In vielen der Träume, die ich in meiner Praxis zu hören bekomme, sind die Bergseen bereits biologisch tot, ist die Nordsee endgültig vergiftet. Hollands Dämme brechen, und Orkane fegen die Menschen von den Dämmen ins tobende Meer. Glühend und lebensgefährlich steigt die Sonne auf, durch keine schützende Ozonschicht mehr gemildert treffen ihre Strahlen die Menschen und fügen ihnen gefährliche Verbrennungen zu. Dies sind Träume, die sich in Varianten wiederholen.
Das Unbewußte der Menschen schlägt Alarm. Auffällig oft werden solche apokalyptischen Träume gerade von solchen Menschen geträumt, die die eigentlich unüberhörbaren und alarmierenden Umweltinformationen verdrängen: Die warnende und kompensatorische Funktion, die Träume gegenüber einem einseitig eingestellten Bewußtsein haben, tritt bei ihnen in Kraft. In Ihrem Unbewußten staut sich die Angst um die Bedrohung allen

Lebens, zu dem natürlich auch ihr eigenes gehört. Oft verschieben sich auch diese real begründeten in frei flottierende Ängste hinein, in Phobien (vor Krebs und Aids), in paranoide Zustände – vor allem aber setzen sie sich in schleichende Depressionen und Sinnentleerung des Lebens um. Die weltweite Drogensucht gehört hierher. Genauso wie «die Geschäftigkeit gegen den Tod», die hinter unserer hektischen Arbeitsbesessenheit sichtbar wird.
Die weit verbreitete Hemmung, in diese Welt noch Kinder zu setzen, die gerade bei jungen Männern, aber auch bei Frauen zu beobachten ist, gehört hierher: Dabei würde uns nur der Mut, Kinder zu haben, aufs äußerste dafür sensibilisieren und mobilisieren, unsere Erde zu retten (denn die Kinder werden uns unweigerlich einmal fragen, was wir aus der Erde gemacht haben): Während doch der Entschluß, schon jetzt keine Kinder mehr zu haben, die Erde aufgibt und dabei mitwirkt, daß sie verödet.
Kinder andererseits sind in ihrem Unbewußten und sicher auch in ihrem Bewußtsein mitbetroffen von den verdrängten Ängsten ihrer Eltern. Unheimlich wird ihnen, wenn sie die toten Fische und Vögel nach Chemieunfällen daliegen sehen, gar die so liebenswert aussehenden Robben. Unheimlich wird ihnen, wenn sie sterbende Bäume sehen, oft schon im Frühsommer. Am unheimlichsten aber, wenn Ozonalarm oder gar Radioaktivitätsalarm gegeben wird und sie nicht mehr draußen spielen dürfen. Die von dem Tschernobyl-Unglück betroffenen Kinder, die in diesem Sommer in mehreren Ländern Europas Aufnahme gefunden haben, sind hierfür ein sprechendes Beispiel. Sie dürfen sich in ihren Heimatorten die längste Zeit nur noch in geschlossenen Räumen aufhalten.
Nun hat das Unbewußte aber noch eine andere Funktion, als unterdrückte und verdrängte Ängste zu symbolisieren und alarmierend aufzuschrecken (auch wenn dies lebensnotwendig ist): Es hat vor allem auch die Funktion – C. G. Jung nennt dies die «transzendente Funktion» –, zwischen unvereinbaren Gegensätzen schöpferisch zu vermitteln, in Träumen und Bildern Symbole zu finden, die das bisher Unvereinbare, Unlösbare auf eine neue

Ebene heben und damit Problemlösungen gerade dort aufscheinen lassen, wo die Situation nach menschlichem Ermessen unlösbar erscheint. So vermögen Träume auch Perspektiven, Visionen aufzuweisen und zu vermitteln, in denen die Bedrohung unserer Erde voll wahrgenommen und doch mit schöpferischen Wandlungsaspekten verbunden wird. Wie allen Symbolen und Symbolverbindungen ist auch solchen Träumen ein Aspekt von Erinnerung an gemachte Erfahrungen und von Erwartung bzw. Hoffnung eigen.

In unserem Zusammenhang möchte ich mich vor allem den kollektiven Symbolen zuwenden, wie sie in den Träumen unserer Zeit, die ja aus dem kollektiven Unbewußten schöpfen, auftauchen. Ich wende mich vor allem den Symbolen zu, die – wie ich meine – das brennendste Problem unserer Zeit überhaupt berühren, nämlich die Gefährdung unserer ganzen Erde durch die Umweltbedrohung, durch die Zerstörung und Verschmutzung von Luft, Wasser und Boden. Ich kenne kein Problem, das uns in dieser Zeit existentieller anginge, und keine Zeit vor uns hat es in dieser Weise gekannt.

Träume zeigen auf, wie tief uns Ereignisse prägen können, auch wenn wir es vielleicht noch gar nicht wahrhaben wollen. Träume können aber auch aus einer größeren Tiefe heraus, als sie unser Tagesbewußtsein erreicht, mögliche Rettungsaspekte andeuten. Aus Jungscher Sicht sprechen Träume nicht nur individuelle Probleme, Themen der eigenen Lebensgeschichte an, sondern können in besonderen Fällen auch Probleme, die viele betreffen, und Botschaften an das Kollektiv der Menschen enthalten.

Ich möchte nun einige Träume vorstellen, von denen ich meine, daß sie die Grenzen des nur persönlichen Erlebens sprengen, auch wenn Träume immer aus besonderen Situationen der einzelnen Lebensgeschichte kommen und sogar kollektive Träume meist einer besonderen Erschütterung im persönlichen Leben entspringen. Es ist so, als würden uns Ereignisse und Grenzerfahrungen wie z. B. schwere Krankheiten, Trennungen, Todesfälle durchlässig machen für das, was menschliche Existenz überhaupt ausmacht, was auch die größere Gemeinschaft bewegt und erschüttert.

Ich beginne mit dem Traum einer 48jährigen Frau, im August des Jahres 1989 geträumt:
«Hinter mir ist eine Mauer, eine Uferbefestigung, vor mir das Meer. Ich weiß, es ist biologisch tot, es ist vergiftet, und ich werde sehr traurig. Ich stehe barfuß im Sand, lasse trotz allem das Wasser über meine Füße rinnen. Auf einmal bemerke ich, wie sich neben mir im Sand etwas zu bewegen scheint. Ist es doch eine Krabbe, denke ich, sind es Spulwürmer? Kaum möglich. Ich lasse das Wasser wieder über meine Füße strömen. Da beginnt die Ebbe einzusetzen. Das Wasser zieht sich zurück. Und auf einmal, ich traue meinen Augen kaum, erkenne ich viele kleine, ganz einfache Lebewesen auf dem nun freiwerdenden Meeresgrund, Würmer, Schnecken, bunte Muscheln, sie leben alle. Ich weiß nicht, ob sie noch leben oder ob sie wieder leben. Ich gehe ins Wattenmeer, ganz aufgeregt vor Freude, und staune über die bunten Muscheln. Auch andere Menschen kommen. Wir beginnen, staunend bunte Muscheln aufzuheben und sie einander zu zeigen. Sie leben alle.»
Da ist eine feste Steinmauer zwischen Meer und Land, Meer und Land sind wie voneinander geschieden. Die Träumerin aber geht nahe zum Meer. Wichtig scheint mir: Sie macht sich nichts mehr vor, keine Illusionen, sie nimmt ganz ernst, daß das Meer tot ist. Sie nimmt diesen Nullpunkt todernst, aber sie geht nicht weg vom Meer. Sie sagt nicht: «Igitt, diese Giftbrühe, damit will ich nichts mehr zu tun haben.» Sie isoliert sich nicht vom Meer, schützt sich nicht, sondern läßt ihre bloßen Füße vom Meer berühren, d. h. sie läßt sich überhaupt von der Situation berühren. Da rührt sich auch etwas unter dem Sand. «Eine Krabbe?», fragt sie sich, «ein Spulwurm?» Sie wagt es kaum zu glauben, aber sie läßt sich doch weiter von dem Wasser berühren, benetzen, und da beginnt das Meer aufzudecken, was es bedeckt, was es verborgen hatte, daß nämlich auf seinem Grund noch oder wieder etwas lebt, daß da noch, wieder Leben ist, einfachstes, ursprünglichstes Leben: Würmer,

Schnecken, Muscheln, aber farbenfroh. Erst durch diesen Nullpunkt muß sie gehen, durch das Ernstnehmen, daß vielleicht nichts mehr zu retten ist, daß es vielleicht schon fünf nach zwölf ist, erst dann beginnt für diese Träumerin die Neuentdeckung.
Im Gespräch über diesen Traum fiel uns ein Gedicht von Ingeborg Bachmann ein, ein subtiles, tiefsinniges Sprachspiel mit dem Wort Grund, mit dem Ausdruck «zugrundegehen»:

«Ich will nichts mehr für mich, ich will zugrunde gehn,
Zugrund, das heißt, zum Meer, dort finde ich Böhmen wieder.

Zugrund gerichtet wach' ich ruhig auf.
Von Grund auf weiß ich jetzt und ich bin unverloren.»[1]

Es ist ein paradoxes Gedicht, das durch eine Todeserfahrung hindurch geht. In dem besprochenen Traum zeigt sich ein weiteres Mal die Erfahrung, daß nur diejenigen, die die Gefahr, in der unsere Erde mit ihrer Luft, ihren Meeren schwebt, todernst nehmen, gelegentlich solche Botschaften bekommen, die von einem Überleben, einer Wandlung, einer möglichen Rettung sprechen, wie durch einen Tod hindurch. Andererseits haben oft gerade die Menschen, die sich den Informationen von der Gefahr verschließen, nach dem kompensatorischen Gesetz der Träume dann eher Alpträume ohne Lösung über diese Themen.

Ein weiterer Traum, den ich in einem anderen Zusammenhang schon einmal mitgeteilt habe,[2] der mir hier aber unentbehrlich scheint, lautet so:
Ein 60jähriger Mann, leitender Angestellter einer Firma der Elektroindustrie, steht im Traum, es ist kurz nach den Ereignissen von Tschernobyl, in seinem Garten. Hier hört er eine weibliche Stimme von großer Autorität, er solle von der Erde essen. Als er angstvoll zögert, wiederholt die Stimme, das werde sein Herz stärken und werde die Erde reinigen.
Er ist ein nüchterner Mann, dem technisch-rationalen Denken

verbunden und verpflichtet, zugleich arbeitet er gern zum Ausgleich in seinem Garten. Die Verstrahlung der Erde nach Tschernobyl macht ihn sehr betroffen. Nicht nur, daß er in diesem Frühjahr seine ersten Salate und Kräuter wegwerfen muß, sondern vor allem, daß im Basisbereich des Wachstums und auch des Gärtnerns fortan etwas gestört ist, durch eine Katastrophe, die die Technologie mit Nuklearenergie bewirkt hat. Er erlebt zerreißend die Spannung, die durch ihn selber geht, zwischen sich als einem Menschen, der sich als Techniker in den Dienst der Energieerzeugung und das entsprechende Denken gestellt hat und der doch zugleich als Gärtner mit der Erde umgeht, die Erde liebt. Jetzt macht ihn die Radikalität der Traumstimme, die er hört, sehr betroffen. Er soll von eben jener Erde essen, die er als Techniker mitstrapaziert, als Gärtner aber liebt, die jetzt jedoch verseucht ist. Die Aufforderung, Erde zu essen, erinnert ja an Heilrituale, indianische zum Beispiel. Sie bedeutet die engste Verbindung mit der Mutter Erde, die überhaupt denkbar ist, eine körperliche Verbindung, eine Einverleibung von fast sakramentalem Charakter.
Der Mann zögert angstvoll, die Vorstellung ist ihm sehr fremd. Im Gespräch darüber nennt er die Widerstände aus Hygienegründen, die er schon immer gehabt habe, sich mit der Erde allzu nahe einzulassen. Die Gefahr war in Wirklichkeit bisher nicht allzugroß gewesen. Ich erinnere mich beispielsweise noch gut, daß ich, wie andere Kinder auch, während der Kriegszeit meinem Bruder Kakao gekocht habe, aus Gartenerde, den wir genossen haben und der uns bestens bekam. Aber das war damals. Heute geht ja die Hemmung oder Berührung mit der Erde ungleich tiefer: verstrahlte Erde essen! Ich denke, wir alle können diesem Mann den Widerstand nachfühlen. Die Traumstimme aber, eine weibliche Stimme, besteht auf dem Essen von Erde. Sie begründet es auch, mit sehr gewichtigen Gründen: Das Essen von Erde werde sein Herz stärken und die Erde reinigen.
Sein Herz stärken: der 60jährige Mann ist nicht mehr der Jüngste, seine Gesundheit hat unter dem Streß seiner Managerarbeit gelitten, sein Herz hat nicht mehr die volle Leistungsfähigkeit.

Erde essen: Das indianische Heilritual würde sein Herz stärken. Sein Herz: Das ist aber noch mehr, es ist, symbolisch verstanden, die Fähigkeit zu fühlen, zu lieben, ist das Zentrum einer Person, seiner Liebesfähigkeit. Das Zentrum seiner Person würde gestärkt durch das Einverleiben der Erde, durch die innigstmögliche Verbindung mit ihr. Zugleich aber würde durch dieses Einverleiben die Erde selbst gereinigt, sagt die Stimme, gereinigt von der Verstrahlung und Verseuchung, die Menschen ihr angetan haben. Nach Tschernobyl kam ja bei manchen nachdenklichen Menschen die Vorstellung, der Impuls auf, ob wir nicht irgend etwas für die Erde tun müßten, materiell aber auch spirituell, um ihr zu helfen, sie zu reinigen – als ginge es darum, ihr ein Opfer zu bringen, ein Ritual zu vollziehen. Hier wird ein Ritual aus dem Zusammenhang des heiligen Essens vorgeschlagen. Ein Sakrament der Erde wäre das. Ob wörtlich oder symbolisch verstanden, es ginge auf jeden Fall um die innigstmögliche Wiederverbindung eines Menschen mit dem Element Erde, dem in der Neuzeit so oft mißachteten, technisch und chemisch ausgebeuteten und geschändeten Element. Nur dies würde das Herz der Menschen stärken und die Erde reinigen.

Geht es aber nur um das Element Erde? Geht es bei dem allen nicht auch um das Symbol der Erde, um die Mutter Erde selbst? Eine weibliche Stimme von unwiderstehlicher Autorität befiehlt diese Verbindung, befiehlt sie einem Mann, der zu den Vertretern jener technischen Intelligenz gehört, die die Zerstörung der Erde mit zu verantworten hat. Auch das gehört zu den großen Symbolen unserer Zeit, dieses weibliche Erdsymbol, uralt, aber plötzlich wieder hochaktuell, als Gäa wiederentdeckt, nicht zuletzt von Naturwissenschaftlern, die herausgearbeitet haben, daß diese Erde wie ein Gesamtorganismus, wie ein lebendes Wesen sich verhält.

In dem gleichen Vorstellungsbereich, daß wir vielleicht unserer Erde Opfer bringen müßten, wie die alten Völker ihren Göttern, um sie zu retten, gehört ein anderer Traum, geträumt am 29. August des letzten Jahres von einer Frau, die zu der Zeit ihren 50. Geburtstag beging. Ich zitiere ihn in ihren eigenen Worten:

«In gutem Einverständnis mit Klaus, meinem Ehemann. Wir wandern gemeinsam durch große Gefahren. Es soll der Welt durch eine Macht von oben das Wasser völlig entzogen werden, wenn sich die Menschen nicht besinnen und jeder 25 Gramm Wasser aus seinem eigenen Körper opfert. Klaus ist sofort bereit, das mit mir zusammen zu tun. Wir beginnen zu singen, es singen viele andere mit und erbringen die notwendige Menge an Wasser durch Weinen, Tränen und Schweiß. Auf dem Rückweg sagt ein Religionslehrer über Klaus, der Pastor ist, er sei ein Anhänger einer neuen Religion.»

Dieses Paar ist nach einer längeren, oft krisenhaften Ehe nun doch in gutes Einverständnis gekommen, nicht zuletzt dadurch, daß sie sich gemeinsam der großen, überpersönlichen Thematik, der Sorge um unsere Erde zuwandten. Das ist etwas Neues für die beiden. Er ist evangelischer Theologe und Pfarrer, sie, spirituell suchend, sich umschauend bei den Heilritualen der Naturvölker, bei verschiedenen anderen spirituellen Richtungen. Lange Zeit driften die Anschauungen, auch die Praxis der beiden weit auseinander. Doch in diesem Traum hat sich Männliches und Weibliches im Erleben verbunden. Dessen Botschaft ist zunächst erschrekkend genug: Alles Wasser soll der Welt entzogen werden, heißt es in diesem Traum. Dabei kommen uns Assoziationen an die vergifteten Brunnen, an die Quellen, die auch aus immer tieferen Erdschichten heraus kein reines Wasser mehr geben, an Verunreinigungen, an vertrocknende Brunnen, wie z. B. in Afrika, wo jedes Jahr zahlreiche Brunnen versiegen. Kein Wasser mehr zu haben, bedeutet den absoluten Tod. Jeder, der einmal gefastet hat, weiß, wie lange wir ohne Essen leben können, drei, vier Wochen, aber nur wenige Tage ohne Wasser. Auch im übertragenen Sinn wäre uns die seelische Substanz, die Tiefe, das Unbewußte, die Dynamik der seelischen Verbindung mit dem Wasser entzogen. Hier heißt es, daß diese Versagung des Wassers von oben komme, wie ein Gericht. Nur ein Opfer könne uns noch retten: also Tränen, Schweiß, eine wirkliche Trauer, eine wirkliche Angst um diese Erde, bei der man Blut schwitzt, bei der einem der kalte Schweiß ausbricht, bei der wir im Schweiße unseres Angesichts wirkliche und höchste Anstrengungen unternehmen, um zu retten, was zu retten ist. In diesem Traum geschieht dieses Opfer wirklich, es vollzieht sich unter Gesang: Gefühle auszudrücken, die Gefühle großer Angst und Trauer um die verzweifelte Lage der Natur, und das gemeinsam, das bedeutet dieses Singen. Es ist ja fast unter uns ausgestorben, das gemeinsame Singen, doch wo es wieder aufkommt, da läßt es eine besondere Verbundenheit entstehen, Solidarität im Fühlen.

Klaus, der sofort bereit ist, dieses Opfer zu bringen, vertritt, so heißt es, damit eine neue Religion. Die neue Religion wäre wohl nichts anderes als diese Wiederverbindung mit den Elementen, mit der Natur, bis hin zur Opferbereitschaft für die Erde, wo sie gefährdet ist. Im vorigen Traum wurde den Menschen bedeutet, Erde zu essen. In diesem Traum heißt es, aus der eigenen Körperflüssigkeit die Substanz zu erbringen, zu opfern, die aufwiegt, was wir zerstört haben.

Es sind dies eigenartige Träume, die wissen, was für ein Opfer zu erbringen wäre, und die dann auch ahnen, daß Rettung möglich wäre, aber nur unter der Bedingung, daß das Opfer wirklich gebracht wird.

Der nächste Traum, den ich in diesem Zusammenhang bringen möchte, wurde im Juli 1988 angesichts der Nachrichten über das große Robbensterben in Nord- und Ostsee geträumt. Zugleich hatte die Träumerin, eine 45jährige Frau, damals große Angst um ihre Mutter, die lebensgefährlich erkrankt war. Mir geht es aber in diesem Fall vor allem um die überpersönlichen Aussagen der Träume. In ihren eigenen Worten lautet der Traum:

«Ich sehe eine Schildkröte, wie unsere Gartenschildkröten von früher, aber mit einem sehr verätzten Panzer. Das beunruhigt mich, erschreckt mich auch, ich überlege, was man denn tun könnte, es fällt mir nichts ein. Da sehe ich, wie sich die Schildkröte schüttelt, und dann, indem sie sich durch ein Gehölz zwängt, den Panzer abstreift. Er bleibt liegen. Die Schildkröte hat darunter einen neuen Panzer, der aber noch nicht dick ist. Er ist fast noch etwas durch-

sichtig, hat aber schon wieder das typische Schildkrötenmuster. Die Schildkröte verkriecht sich unter Gras und Sträuchern. Ich stelle mir vor, daß sie da bleibt, bis ihr Panzer wieder belastungsfähig ist. Jetzt merke ich auch, daß wir in einem Fluß-Sumpf-Gebiet sind.»

Der Traum erschien der Träumerin zunächst noch sehr fern. Sie schaute seiner Bilderfolge einfach zu. Erst beim Erzählen wird ihr klar, wie bedeutsam er sein könnte. Doch wie hat nun dieser Traum von einer Gartenschildkröte mit unserem großen Thema zu tun, mit den kollektiven Symbolen von der Bedrohung unserer Erde und deren möglicher Rettung?

Angesichts dieses Traumes sprachen wir natürlich, wie wir das bei der Trauminterpretation immer tun, auch von der persönlichen Bedeutung der Schildkröte für die Träumerin, besannen uns dann aber zuletzt darauf, was das Symbol Schildkröte für die Menschheit schon immer bedeutet haben mag. Der Traum geht also von einer Gartenschildkröte aus, wie die Träumerin mehrfach eine gehabt hatte, die ihr wie üblich davonliefen, wiederkamen, oder vielleicht auch in der Gestalt einer neuen wiederkamen, nach Jahren. Verlust und Wiederkehr erlebte sie als Kind angesichts ihrer Gartenschildkröte, eines Tieres, das so alt aussieht und zugleich so unzerstörbar, so unzerbrechlich. Das Tier, die Schildkröte, wird hier zum Symbol für etwas Uraltes, das sich dennoch erneuern kann, sie wird zum Bedeutungsträger für eine unanschauliche Wirklichkeit, es muß eine Analogie, etwas Vergleichbares zwischen beidem geben. Ein Symbol besteht aus Leib und Seele, die konkrete leibhafte Schildkröte und die seelische Wirklichkeit des uralten Unzerstörbaren kommen hier zusammen.

Die Schildkröte immerhin gehört, wenn wir nun nach der überpersönlichen Bedeutung fragen, wie auch der Wal, symbolisch zu den Tieren, auf denen nach alter Vorstellung der Menschheit die Schöpfung ruht. Die Schildkröte kann sogar den Kosmos verkörpern. Ihr Bauchpanzer entspricht nach einigen Schöpfungsmythen der Erde, der gewölbte Rückenpanzer dem Firmament. Die Zeichnungen auf ihrem Rückenpanzer wurden als die Zeichnungen kosmischer Strukturen angesehen.

Diese Schildkröte nun, Mittlerin zwischen Himmel und Erde, Sinnbild des Kosmos, hat in diesem Traum einen sehr verätzten Panzer. Ihr Schutzschild, also ihr Panzer, zugleich Schild des Himmels über der Erde, ist verätzt durch Säure, durch chemische Substanzen. Das Bild erschreckt bereits als Zustandsschilderung eines Tieres, erst recht, wenn einem hierzu der Schutzmantel der Erde einfällt in seiner Verunreinigung durch chemische Schadstoffe, bis hin zu dem daraus entstandenen sogenannten Ozonloch. Und so läßt das Traumbild vom verätzten Panzer zunächst die Gedanken der Träumerin um eine mögliche Rettung für die Schildkröte kreisen. Aber es fällt ihr keine wirksame Hilfeleistung für dieses beschädigte Lebewesen ein. Sie ist am Ende der Möglichkeiten angelangt, die ihr, der sehr energisch-kreativen Frau, bisher fast in allen Problemlagen ihres Lebens zur Verfügung gestanden hatten. Wenn wir dabei mitbedenken, daß die Schildkröte zugleich ein Bild des Kosmos sein kann, so übersteigt die Frage nach einer rettenden Aktivität vollends die Möglichkeiten der Träumerin.
Da geschieht etwas, womit sie nicht gerechnet hat: Diese Schildkröte vermag von sich aus etwas Umstürzendes zu tun. Sie schüttelt sich und streift dabei, indem sie sich durch einen Engpaß im Gehölz hindurchzwängt, den Panzer ab. Sie macht eine totale Wandlung durch und schlüpft mit einem neuen Panzer, der ihr bereits gewachsen ist, aus, auch wenn er noch schonungsbedürftig erscheint. So zieht sich die neugeborene Schildkröte zunächst unter Gras und Sträucher zurück, bis der neue Panzer belastungsfähig geworden ist. Auch darin ist sie weise. Es bleibt also für die Augen der Uneingeweihten noch verborgen, daß es überhaupt eine neue Schildkröte gibt. Nur der abgeworfene verätzte Panzer liegt vor aller Augen. Erst hier, am Ende des Traumes, bemerkt die Träumerin, daß sich das ganze Geschehen in einem Sumpfgebiet im Umfeld eines Flusses abspielt, in uranfänglicher, noch ungestalteter Landschaft also, wo Leben gleichsam neu beginnen könnte. Das Gebiet um den alten Rhein, wie es zur Zeit ihrer Kindheit gewesen war, fiel ihr dazu ein. Ein ursprünglich belassenes Gebiet, das ihr damals tausend Entdeckungsmöglichkeiten bot, das Spiel-

und Schwimmgebiet ihrer Kindheit. Es ist das Land, in dem für sie damals vieles seine Anfänge nahm, in dem sie Schwimmen lernte und das ihr Traum nun wählt, um sie zu vergewissern, daß in ihm auch heute wieder Neues werden kann. Es ist aber auch das Gebiet, in dem sie als Kind den ersten Toten sah, einen Ertrunkenen, der Ort also auch, an dem ihre erste Begegnung und Auseinandersetzung mit dem Tod geschah.

Das Traumsymbol von der sich erneuernden Schildkröte läßt, wie wir spüren, etwas möglich erscheinen, was biologisch nicht möglich ist. Eine Schildkröte kann ihren Panzer nicht erneuern. Andere Lebewesen können das, vermögen aus ihrer Haut zu schlüpfen, die Schlange oder der Schmetterling, der seine Larve verläßt, wenn die Zeit der Verwandlung gekommen ist. Diese Erfahrung an Schlange und Schmetterling wird im Traum mit einem anderen Lebewesen, der Schildkröte, verbunden. Der Traum gebraucht diese Analogie, um an der Schildkröte die Wandlungsfähigkeit des Uralten, des mütterlich Tragfähigen darzustellen. Gegensätze werden hier zu einem neuen Symbol verbunden. Gerade einem solchen Symbol dürfen wir glauben. Der neue Panzer der Schildkröte ist fast noch durchsichtig, doch weist er schon wieder die Strukturmuster auf, die die Schildkröte charakterisieren, Ordnungen also eines neuen Kosmos, die dennoch mit dem alten verbunden sind.

Ein Traum aus unserer Gegenwart ist dies, der im Schildkrötensymbol die sich vollziehende radikale Wandlung unserer Welt darstellt, als apokalyptische Erneuerung, nicht als Untergang. Das Symbol der Schildkröte als kollektives Symbol für Untergang und Erneuerung aufzugreifen, wie es der Traum tut, wirkt in seiner Stimmigkeit noch überzeugender, wenn wir in der Mythologie nachlesen, daß die Schildkröte vor allem auch als Symbol für Unsterblichkeit galt, 12 000 Jahre gaben ihr die Japaner, diese Zahl meint im Grunde natürlich schon Unsterblichkeit. Zugleich schreibt man ihr unerschöpfliche Fruchtbarkeit zu, so in Griechenland, wo sie der Aphrodite heilig war. Ihr hohes Alter, zusammen mit ihren geheimnisvollen, auch als Schrift gedeuteten Zeichen auf ihrem Rücken, machte sie außerdem zu einem Symbol der Weisheit. Auch als Sinnbild für die erneuerten Kräfte der Konzentration und Meditation wird sie immer wieder wahrgenommen in ihrem alten, weisen Aussehen, aber auch, weil sie es versteht, sich in ihr Gehäuse zurückzuziehen, unter Gras und Sträucher, um sich von dorther zu erneuern.

All diese Züge und Symbolgehalte der kosmischen Schildkröte sind in unserem Traum enthalten. Ich folge hier natürlich vor allem der methodischen Tradition der Schule C. G. Jungs, wenn ich davon ausgehe, daß man die persönliche Erfahrung mit einer Gartenschildkröte – die eine Ebene des Traumes – noch durch die allgemeine Erfahrung der Menschheit mit der Schildkröte und die daraus erwachsende Symbolik anreichern kann. Als ich die Träumerin selber fragte, was sie zu der Zeit, als sie den Traum träumte, bewegte, da waren es zu gleichen Teilen die persönliche Angst um die Mutter und die gleichsam überpersönliche Angst um die Erde, wobei Mutter und Erde symbolisch schon immer etwas sehr Verwandtes sind. Es war die Zeit, in der wir täglich Nachrichten über das anhaltende Robbensterben in der Nordsee hörten und von daher die Frage nach der geschädigten Substanz unserer Meere aufkam und uns beunruhigte.

Natürlich gibt es auch für diesen Traum eine subjektstufige bzw. subjektive Verstehensmöglichkeit: in ihr geht es um die tiefgreifende Wandlung der Träumerin angesichts des sich ankündigenden Todes ihrer Mutter, angesichts von Beschädigungen, die das Schutzschild ihres bisherigen Daseins, ihre Mutter, aufweist. Doch holt die Botschaft dieses Traumes unverkennbar weiter aus. Er greift, so meine ich, die kollektive Frage auf, die sich gegen Ende des 20. Jahrhunderts für alle Menschen stellt: Ist der Organismus unserer Erde, der Mutter Gäa, die zunehmend als ganzheitlicher Organismus gilt, in der kommenden Apokalypse zum Untergang oder zur Neugeburt bestimmt? De Traum spricht auf alle Fälle von einer Hoffnung der Träumerin auf die Erneuerungsfähigkeit des mütterlich Tragenden in ihrem Leben – die Mutter wird sich nicht mehr verjüngen, aber vielleicht das Mütterliche in ihr selbst – und damit auf die Erneuerungsfähigkeit der Erde als ganzer. Das Symbol der sich erneuernden Schildkröte enthält, wie alle echten Symbole, ein Element von Erinnerung – an die weggehende und wiederkehrende Schildkröte der Kindheit, an die Erneuerungsfähigkeit der Schlangen und Schmetterlinge – und damit zugleich ein Element von Hoffnung. Daß von solch einem Traum auf jeden Fall Hoffnungsenergie ausgeht, auch Erneuerungsenergie, das läßt sich wohl nicht bestreiten.

Ich möchte jetzt einige Bilder zeigen, von einer Frau gemalt, die diesen Traum von der Schildkröte kennenlernte – es ist nicht die Träumerin –: Sie mußte sich mit diesem Traum auseinandersetzen, weil er sie nicht losließ. In der Arbeit mit Träumen wie dem eben berichteten habe ich immer wieder erlebt, daß sie auch andere, weitere Menschen betreffen und sie zum betroffenen Nachdenken und zur Weitergestaltung anregen.

In der Mitte des ersten Bildes (s. Bild 9) in dunklen Linien gezeichnet, erkennen wir die Schildkröte. Von oben bricht etwas Weißes herein, etwas Aggressives in Gestalt eines Vogels. Es ist in der Tat ein Raubvogel, der seine Klauen in den Panzer der Schildkröte schlägt. Für die Malerin ist er ein Bild für die geistig-technische Aggressivität, mit der die Menschen die Erde samt ihrer Lufthülle selber zerstören, wie sie sich z. B. in der Erzeugung des Ozonlochs niederschlägt, durch das die Sonne plötzlich so aggressiv wird, daß wir sie nicht mehr ertragen können. Der Vogel, dieser aggressivweiße Geistvogel, steht zugleich auf einem zerstörten, gestorbenen Baum, der der Luftverschmutzung und dem sauren Regen, den durch Klimaveränderung ausgelösten Orkanen schon nicht mehr standhalten konnte.

Etwas sehr Eigentümliches ist am Panzer der Schildkröte zu erkennen: Ihre Schildkappen sind mit Zeichen versehen, die bestimmte Assoziationen auslösen. Diese Zeichnungen, die einen schönen Rhythmus aufweisen, finden sich nämlich ursprünglich im Inneren eines uralten Heiligtums in der Bretagne auf der Insel Gavrinis, einem mit der Totenehrung verbundenen Heiligtum, in dem nach heutiger Meinung die Gezeiten des Meeres und des

Mondes und damit die Rhythmen des Lebens eingraviert sind. Es sind Zeichen ältester Ehrfurcht der Menschen vor dem kosmischen Geschehen, und eben diese Zeichen hat die Gestalterin hier als kosmische Muster und Strukturen für den Panzer der Schildkröte gewählt. Als reale Partikel einer uralten Ehrfurchtskultur vor dem Kosmos hat sie diese Zeichen in einer Art Collagetechnik dem Schildkrötenpanzer eingefügt, auf den dieser Geistvogel gefährlich herabstößt und einwirkt, ätzend.

Das zweite Bild (s. Bild 10) gleicht auf den ersten Blick dem vorigen sehr, aber bei näherem Zusehen läßt sich erkennen, daß die Malerin, um das aggressive Eindringen des Weißen ins Schwarz zu verdeutlichen, die schwarzen Konturen noch verstärkt und dabei die Krallen des ersten Bildes mehr in vorstoßende Dolche verwandelt hat. An dieser kleinen Veränderung wird auch sichtbar, wie sehr sich die Gestalterin mit dem Bild auseinandersetzt, bis es in allen Nuancen den scharfen Akzenten des Traumes gerecht wird.

Im dritten Bild (s. Bild 11) haben wir einen Ausschnitt des zweiten vor uns, den Kopf des aggressiven Geistvogels, dessen Auge von einer chemischen Formel gefüllt bzw. verstellt ist. Der Schnabel dringt indessen in die kosmischen Muster des alten Gavrinis-Heiligtums ein. Die Malerin will hieran zeigen, wie die Fixierung auf technisches, z. B. auch chemisches Wissen dem Menschen den Blick für die inneren Gesetzmäßigkeiten des Kosmos verstellt hat, die er in seiner Blindheit nun auch zerstörerisch angreift.

Das vierte Bild (s. Bild 12) gestaltet die Neugeburt der Schildkröte, von der der Traum spricht. Wir sehen rechts den abgelegten Panzer und links die neugeborene Schildkröte. Diese ist so zart, als käme sie eben aus dem Mutterleib, oder als bestünde sie selbst aus einer Placenta. Zu ihrer Erneuerung ist die Schildkröte, wie der Traum sagt, durch ein Gestrüpp hindurchgeschlüpft, das hier als eine Art Gebärmutter gestaltet ist, die aber zugleich von den Blättern eines Ginkgo-Baumes überdacht ist. Der Ginkgo ist der älteste uns bekannte Baum, der noch aus einer Frühzeit der Pflanzen stammt. Es hat sich erwiesen, daß dieser älteste aller Bäume auch der widerstandsfähigste gegen Umweltgifte ist. In Berlin läuft eine Aktion, bei der 3000 solcher Ginkgos angepflanzt werden sollen. (Schon Goethe hat diesen Baum im West-Östlichen Diwan besungen.) Die Gestalterin läßt die Schildkröte durch diesen ältesten Baum, bei ihrem Durchschlupf durch eben diesen Baum, zur Verwandlung kommen.

Mit dem fünften Bild (s. Bild 13) ist nun ein echtes Symbol entstanden, das Gegensätze vereint: Auf dem Panzer der Schildkröte, der so gefährdet war, nun aber erneuert ist, wächst das Ginkgo-Blatt, das für die unglaubliche Widerstandskraft einzelner Pflanzen gegen die Zerstörung steht. Die Wurzel des Ginkgo-Baumes gleicht menschlichen Hoden. Die Malerin will auch den Mann und sein schöpferisches Vermögen in den Erneuerungsprozeß der Erde mit einbezogen sehen. Schließlich hat sie der Schildkröte ein besonderes, ein golden leuchtendes Auge gegeben. Sie bezieht sich bei dieser Gestaltung auf eine Information, in der es heißt: «Es ist heute festgestellt, daß die Schildkröte vermöge ihrer rotgelben Öltröpfchen in der Netzhaut imstande ist, im Meere und im trüben Gewässer ziemlich weit zu sehen.» So gibt ihr die Malerin einen Weitblick und einen Tiefblick in das Dunkel hinein, mit dem sie womöglich auch das Kommende wahrnehmen und sich darauf einstellen kann. Der Ginkgo-Baum steht hier mit seinem Blätterdach und den hodenähnlichen Wurzeln zugleich für die Verbindung von Männlich-Weiblich bei der Erneuerungsfähigkeit der Welt.

Dieses letzte Bild zeigt in eindrücklicher Weise den Blick der Schildkröte, die unsere Erde symbolisiert: diesen besonderen, weisen Blick, der aus dem goldenen Auge ins Dunkle fällt. Die Malerin hat den Kopf der Schildkröte, ja die ganze Schildkröte, mit goldenen Konturen umrandet und hat sie damit als überaus kostbar gestaltet. Die Schildkröte ist der Gestalterin nahegekommen und lieb geworden, gerade über der Gefahr, in der sie schwebt. Ich meine, daß wir alle, wenn wir es uns wirklich unter die Haut gehen lassen, daß unsere Erde bedroht ist, nicht nur in Resignation fallen müßten, sondern vielleicht auch unsere Liebe zu allem, was lebt, wiederentdecken könnten, auf eine ganz elementare Art. Eine Liebe selbst zu den Fischen, den Felchen und Krätzern in dem See, an dem ich wohne, wachte in mir auf, als ich las, daß sie in einer Mutation ihr Kiemensystem verändert und verfeinert haben, um das umweltbelastete Wasser besser filtern zu können. Man könnte zwar selbst solch eine gute Nachricht noch gedankenlos oder zynisch mißbrauchen, falls man nun behauptete, es sei doch alles gar nicht so schlimm, das Leben wisse sich schon zu helfen, soviel Alarm müsse man auch wieder nicht schlagen. Dabei unterschlägt man aber die andere Seite: Daß es nämlich überhaupt wieder genügend und gesunde Fische in diesem See gibt, das verdanken wir den jahrelangen Bemühungen aller angrenzenden Gemeinden, der schweizerischen, österreichischen und deutschen, die einige Sommer lang Bauzäune vor ihren Uferpromenaden ertrugen, um das gesamte Klärsystem für die Abwässer neu zu verlegen und zu regulieren.

Bemerkenswert häufig begegnen mir in der letzten Zeit Träume, in denen besondere Meerestiere – Wal, Delphin sowie die uralte Seekuh – vorkommen und bei aller Gefährdung die Funktion des rettenden Seelenführers, des Seelengeleiters übernehmen.
Zunächst möchte ich eine Imagination aus dem Sommer 1988 berichten. Ich hatte ein Motiv vorgegeben, das Thema Meer, zu dem ich schon oft angeleitet hatte.
Die Imaginierende, eine Frau Mitte 30, Pädagogin, kann sich innerlich rasch an das Meer versetzen. Sie spricht mit Wohlbehagen darüber, wie sie barfuß über die Dünen einer Nordseeinsel läuft, den warmen Sand unter den Sohlen, wie sie zum Meer herunterkommt, die Brandungswellen sieht, spürt, wie ihr die auslaufenden Wellen über die Füße hinwegströmen. Sie schweigt eine Weile, ganz ihren inneren Bildern hingegeben. Auf einmal weint sie auf. Ich frage sie, was geschehen sei. Sie hat einen Wal gesehen, der da an der Küste lag. Ein scharfes Metall hat ihn verwundet. Er atmet nur noch schwach. Sie spürt, daß er am Sterben ist. Sie bleibt bei ihm, sie kann nichts für ihn tun, aber sie will ihn nicht verlassen. Sie sagt plötzlich: «Und dabei stirbt er ganz ohne Vorwurf. . .»

Auch nachdem die Imagination abgeschlossen ist, hält das Weinen der Frau noch an. Ich frage sie, wie es ihr nach dieser Imagination ergehe. «Nicht gut», sagt sie, und «doch auch wieder besser als beim ersten Anblick des Tieres». Das Weinen habe ihr gutgetan, auch das Dableiben, und daß das Tier ohne Vorwurf stirbt. Auf einmal sagt sie ganz leidenschaftlich: «Wir dürfen nicht weggehen, wenn die Tiere sterben.» Sie erzählt mir dann, daß sie vor wenigen Tagen eine Einladung zu einem alten Freund, der an der Küste von Schleswig-Holstein lebt, bekommen habe, dort den Sommer zu verbringen. Erst habe sie freudig zugestimmt, dann sei ihr das vergiftete Meer eingefallen, und der Gedanke daran habe ihr die Ferienfreude verdorben. Jetzt aber, durch diese Imagination wisse sie, daß es für sie gar nichts anderes geben könne, als eben dort hinzufahren, wo die Tiere leiden. Sie wolle an Ort und Stelle sehen, ob sie nichts mehr tun könne, aber auch, wenn sie nichts mehr tun könne, sei es wichtig für sie selbst, an Ort und Stelle mit den Tieren und um die Tiere zu trauern. Für sie selbst sei es wichtig, betonte sie noch einmal. Ging es nun in dieser Imagination, wie subjektstufige Deutung nahelegen würde, vor allem um das mögliche Sterben eines seelischen Inhaltes, oder geht es nicht weit darüber hinaus um die Widerspiegelung eines kollektiv relevanten Vorgangs, dem der Umweltvergiftung zuzuschreibenden Sterben wichtiger Tierarten des Meeres und den Niederschlag dieses Sterbens in unserer Psyche? Und fordert hier ihre Psyche nicht Hinschauen, Hingehen und Trauerarbeit leisten, statt wegzublicken und in der Anklage gegen andere, die zweifellos mit daran schuld sind, steckenzubleiben?

Es geht um nichts Geringes, wenn der Wal auftaucht, gar wenn der Wal stirbt. Schon seine gewaltige Erscheinung legt das nahe. Wie andere wichtige Tiere auch, z. B. die Schildkröte, wird der Wal in der mythologischen Vorstellung vieler Völker als ein Träger des Kosmos dargestellt. Insofern stecken in dieser Imagination, die auf den ersten Blick nur von dem Sterben eines bestimmten Tieres handelt, auch apokalyptische Aspekte – ein Träger des Kosmos ist gefährdet. Was noch bemerkenswert ist an dieser Imagination ist die Tatsache, daß der Wal ohne Vorwurf stirbt. Er macht mit seinem Leiden und seinem Tod kein Schuldgefühl. Er setzt vielmehr echte Gefühle frei, Liebe zu den noch lebenden, überlebenden Tieren, Trauer und Trauerarbeit. So hat sich die Träumerin mit vielen anderen zusammen an einer Protestaktion beteiligt, die bei der letzten internationalen Konferenz ein Walfangverbot erreichte, auch bei den Ländern Norwegen und Japan, die sich bisher diesem Verbot entzogen hatten.

Auch die Seekuh, eines der ältesten Meerestiere der Welt, von großem Umfang, beschaulich lebend – wenn sie auch in Gefahr ein erhebliches Tempo entwickeln kann –, ist von der Vernichtung bedroht. Sie, die eine Muttersymbolik, wie sie sich mit der Kuh verbindet, mit der nicht minder tiefgründigen der See vereint, ist bei einer meiner Analysandinnen zum besonderen Symbol einer Seelengeleiterin geworden.
Als solche vereint sie große Weisheit und Umsicht mit einer mütterlich-bergenden Ausstrahlung. Die Analysandin kann sich bei ihr anschmiegen, neben ihr herschwimmen, auf ihr reiten und mit ihr sprechen, ihr all ihre tiefergehenden Probleme anvertrauen. Sie hat eine lange Serie von Imaginationen mit der Seekuh gemacht: Zuerst erschienen war sie ihr jedoch eines Nachts im Traum.
Es ist, als ob mit ihrer äußeren Gefährdung der Symbolgehalt dieser geheimnisvollen Meerestiere nur noch deutlicher aufleuchtete, ihre Bedeutsamkeit für unsere Seele: als wollte das Unbewußte uns diese Tiere als unentbehrliche Botschafter, aus dem tiefen Raum der Psyche kommend, vor Augen stellen, gerade jetzt. Die Träume und Imaginationen, in denen diese Tiere vorkommen, weisen auch überhaupt auf die Bedeutung des Unbewußten, der Kontaktnahme mit dem schöpferischen Unbewußten hin, die in dieser so kritischen Weltsituation lebenswichtig zu werden scheint.

Selbst Christus begegnet heute in den Bildern unserer Träume – wie übrigens schon früh in der Malerei der Katakombenzeit – wieder oft als Delphin.

So träumt eine Frau, Ergotherapeutin, Ende 40, sie schwämme neben einem grünen Delphin her, der sie sicher durch alle Meere geleite. Der Delphin mit seiner besonderen Intelligenz, einer Weisheit aus dem Bereich der Wassertiefe – die symbolisch für die Tiefenräume unserer Seele, unserer gemeinsamen Menschheitsseele steht –, kann sie durch psychische Erfahrungsräume, aber auch durch Dimensionen unserer Weltwirklichkeit geleiten, in denen sie mit ihrem menschlichen Ich allein verloren wäre. Sie ist von dem Traum so stark ergriffen, daß sie ein Bild zu ihm malt, wie sie, den Arm vertrauensvoll um den Nacken des grünen Delphins gelegt, mit diesem durch die Meere schwimmt.

Warum ist dieser Delphin grün? Er hat die Farbe der Natur, die Farbe der grünenden Hoffnung, des Heiligen Geistes, der Mystik. Grün ist auch die Farbe des Herz-Chakras. Chagall malte die vom Geist ergriffenen Chassidim grün, in grünem Glas gestaltet er den kommenden Christus im Zentrum des Fraumünster-Fensters von Zürich: als kosmischen Christus, der das Prinzip der Liebe, das die Schöpfung von Anfang an durchwaltet, verkörpert und es als Kommender wiederbringt, zu ihrer Regeneration und Heilung.[3]

Eine andere Frau, zu der Zeit in einem großen Umbruch und Berufswechsel stehend, nach Jahren einer innerkirchlichen Tätigkeit, träumt, daß Christus, zum Verhör vor ein landeskirchliches Tribunal beordert, plötzlich aus dem Polizeiwagen springt, mit dem er vor das Tribunal befördert werden soll: Mit einem herrlichen Satz entspringt er dem Wagen, von dem Steilufer, über das die Straße führt, hinab in den blitzenden Fluß. Im Sprung verwandelt er sich in einen silbernen Delphin, der in den Fluß eintaucht und vor aller Augen verschwindet.

Christus ist in diesem Traum erneut angeklagt, von einem kirchlichen Tribunal: Wir erfahren nicht warum, doch kann es in diesem Zusammenhang nur darum gehen, daß er den Glaubensvorstellungen dieses Tribunals nicht entspricht. Er ist anders, ist anstößig, er ist, wie damals schon zu seinen Lebzeiten, nicht zu vereinnahmen von den frommen Institutionen seiner Zeit. In diesem

Traum entzieht er sich all solchen Vereinnahmungsversuchen und Rechtfertigungszwängen in eine herrliche Freiheit: Er entspringt ihnen so kühn, wie einst der Ritter Eppelein von Gailingen sich bei seinen Häschern mit einem Sprung zu Pferde von der Brüstung der Nürnberger Burg entzog – und er verwandelt sich im Flug: in einen Delphin. Christus also entzieht sich im Unbewußten dieser Frau den Glaubensvorstellungen eines kirchlichen Tribunals, vor dem er sich absurderweise rechtfertigen sollte, und identifiziert sich stattdessen mit dem Meereswesen, das ebenso intelligent wie weise und menschenfreundlich aus der Tiefe des Wassers, des Unbewußten also, den Menschen geleitet. In der Tiefe seiner Seele wird dem Menschen, der den kirchlich verprägten Christus oft bewußt ablehnt, dieser wiederbegegnen (im Traum z. B., aber auch in Meditation und Imagination).

Vielleicht bewirkt die Enantiodromie (Gegenläufigkeit) der Psyche auch dies, daß der eigentliche Christus erst dann wiedergefunden werden kann, unbewußt, wenn der bekannte bewußt abgelehnt wird. Indem er sich in diesem Traum mit dem Delphin identifiziert, ja zum Delphin wird, ist uns in Abwandlung eines der bekannten Jesusworte zugleich gesagt: «Was ihr aber tut einem meiner geringsten Brüder, z. B. den Delphinen, das habt ihr mir getan.» Wer diesen Traum ernst nimmt, über die individuelle Botschaft an die Träumerin hinaus, wird künftig in den Delphinen Christus entdecken (in den Delphinen, die in diesem Spätsommer, wie ich eben erfahre, nun auch von einer Abwehrschwäche betroffen sind und zu Hunderten vor der spanischen Mittelmeerküste sterben). Nur durch solches Ernstnehmen der Natur außer uns und in uns – zu der auch die Träume gehören – wird es vielleicht noch gelingen, die Katastrophe von unserer Erde abzuwenden, die mit der Abspaltung und Abwertung der Natur begann, im Namen eines Gottes, der außerhalb und oberhalb der Welt vorgestellt wurde, statt in ihr. Es ist, als kehrte Christus und mit ihm Gott in diesem Traum in die Natur zurück, aus der fehlgeleiteter Glaubensfanatismus, schon seit Bonifatius die heilige Eiche fällte, ihn zu vertreiben suchte.

So fremd auch vielen unserer Zeitgenossen die religiösen Implikationen des Umweltthemas sein mögen: Es ist keine Frage mehr, daß die hemmungslose Ausbeutung der Natur nur auf dem Hintergrund einer Religion geschehen konnte, die die Natur gleichsam «fallen ließ», sie aus dem Ehrfurchtsbereich des Gottgeweihten ausstieß, die im Gegenteil die religiös begründete Ehrfurcht der zu bekehrenden «Heiden» vor der Natur noch zusätzlich verfolgte und auszurotten versuchte. Nur eine neue religiöse Verankerung der Natur und des Kosmos in unserem Gewissen und in unserem Herzen vermag der globalen Zerstörung noch etwas Wirksames entgegenzusetzen: Wobei die Verankerung in unseren Herzen noch die tiefere wäre als die im Gewissen (grün ist auch die Farbe des Herz-Chakras). Die jüdische Dichterin Rose Ausländer, schon vom Tod gezeichnet, schrieb von ihrem Krankenbett im Altersheim aus ein Gedicht wie dieses:

«Und Wiesen gibt es noch
und Bäume
und Sonnenuntergänge
und Meer
und Sterne
und das Wort
das Lied
und Menschen
und».[4]

Mit einem letzten Traum, der das Gewicht einer Botschaft hat, möchte ich abschließen.
«Ein gewaltiger Stein, ein Meteorit, fällt vom Himmel. Ich sehe, wie er sich außerordentlich langsam auf die Erde zubewegt. Er schimmert in den Farben Rotbraun und Grün, wobei der Anteil an Grün überwiegt. Er schlägt schließlich in der Nähe ein und reißt dabei einen riesigen Trichter in einem Garten auf.
Als ich mich vorsichtig der Einschlagstelle nähere, sind da bereits Kinder tätig und spielen mit Schaufel und Eimer an dem Erdtrich-

ter. Auch sammeln sie die Splitter des Steines wie Fundstücke ein, wie Schätze.»

Der Traum wurde von einer damals 38jährigen Frau geträumt, Mutter eines Sohnes, Pädagogin. Aus dem Himmel, dem Kosmos, nähert sich ein gewaltiger Stein – ein Stein also, der wie die alten Manasteine große Kraft, ein gewaltiges Potential in sich birgt. Wo er einschlägt, könnte es ein Unglück geben – die Träumerin erinnert sich an ihre Angst vor abstürzenden Raumkapseln bzw. Kometen. Zugleich trägt er eine Botschaft aus dem Kosmos der Erde entgegen, ist selbst eine Botschaft aus dem Kosmos. Meteoriten werden von alters her von den Menschen als heilige Steine verehrt, einer der berühmtesten ist die Kaaba, Mittelpunkt des Heiligtums von Mekka, Zentrum eines Umschreitungsritus, den Tausende von Gläubigen bis heute vollziehen: ein schwarzer Meteorit.

Der Stein unseres Traumes ist gerade auffällig durch seine Farben: Rotbraun und Grün. Rotbraun und Grün sind vor allem die Farben der Erde. Der Himmel also sendet der Erde eine Botschaft in ihren eigenen Farben, hißt gleichsam die Farben der Erde. Kupfer und Eisen wird dieser Stein enthalten: Grün als das kupferhaltige, Rot als das eisenhaltige Gestein, wobei das Grün überwiegt: Damit verbindet sich in ihnen das Metall der Venus, das Kupfer, das Prinzip der Liebe also symbolisch mit dem des Mars, das Aggression und Kampf darstellt. Das Aggressionsprinzip ist hier durch das des Eros gebunden, sie sind miteinander legiert und ineinander eingebettet. Rot und Grün sind andererseits auch die Farben des Prinzips Liebe und des Prinzips Hoffnung. Mit diesen beiden Prinzipien und den ihnen entsprechenden Kräften also bricht der Kosmos in das Kraftfeld der Erde ein, vielmehr: schlägt ein wie eine Bombe. Er ist schon ein Fremdkörper, dieser Riesenmeteorit, er kommt von oben und von außen, und offenbar bedarf die Erde seiner, dieses heiligen Steins. Doch in seinem langsamen Niederkommen steckt auch etwas Unheimliches, was Angst und Panik einflößen kann. Die durch Liebe gebundene verwandelte Aggression, die Prinzipien Liebe und Hoffnung schlagen in der

Menschenwelt ein wie ein außerirdisches, ein göttliches Prinzip, wie eine Bombe.
Die Träumerin hat den Krieg als Kind noch miterlebt. Hier liegt der Erinnerungs- und Erfahrungsaspekt des Traumes. Sie hat den Abwurf von Bomben erlebt, die riesigen Trichter, die diese in die Gärten schlugen. Sie hat auch das langsame Anfliegen der schweren Bomber, das langsame Niedersegeln der Fallschirmtruppen bei der Invasion erlebt: die wenige Zeit, die einem blieb, sich in notdürftige Sicherheit zu bringen. Sie hat auch erlebt, wie die Kinder nach den Katastrophen rasch an den Einschlagsstellen der Bomben waren, in den in Trichter verwandelten Gärten neue Entdeckungen machten, z. B. auch die Bombensplitter, die sie als Trophäen sammelten.
Hier aber schlägt die kosmische Bombe mit Urgewalt in wohlbestellte Gärten ein und legt die bloße Erde, die tiefere Erde frei. Wohlumzäuntes und Domestiziertes fliegt in die Luft, wird aufgerissen, elementarer Erdboden wird freigelegt. Als erstes sind die Kinder am Ort des Einschlags: Kinder, die in Träumen immer die jungen, in Entwicklung befindlichen Zukunftskräfte bedeuten (manchmal auch die kindlich gebliebenen, zu denen der Träumer zurückkehren muß, um weiterzukommen): Sie haben Schaufeln dabei, Eimer, können mit der Situation etwas anfangen, gehen kreativ mit ihr um. Dabei entdecken sie Splitter von dem Stein, die sie einsammeln wie Schätze. In diesen Kindern zeigen sich die neuen Kräfte der Erde, die dabei sind, alle Anteile des kosmischen Steines, der kosmischen Botschaft einzusammeln, derer sie habhaft werden können: Sie werden fündig auf die Zukunft hin. Der Kosmos gleichsam grüßt die Erde hier mit einem Meteoriten, einem heiligen Stein, der die Farben der Erde selber enthält und sie ihr erneut entgegenträgt. Er grüßt sie mit etwas Substanzverwandtem, vielleicht um darauf hinzuweisen, daß die kleine Erde zum größeren Kosmos gehört, der sie umfängt, birgt und sie auch zu wandeln vermag. Die Botschaft des Himmels könnte in einer Abwandlung des Wortes von Friedrich Nietzsche lauten: «Brüder (Schwestern), bleibt der Erde treu!», gerade angesichts eines leib-

und erdentfremdeten Christentums, dem wir den Zustand unserer Erde heute mitverdanken.

Zuletzt möchte ich uns noch einmal mit der Frage konfrontieren: Wie können wir mit solchen Träumen umgehen? Gewiß können wir sie wegschieben, indem wir sie auf die persönlichen Hintergründe derer, die geträumt haben, zurückführen, uns darauf beschränken mit dem Argument, es sei doch eine persönliche Angelegenheit, ob man sich noch Hoffnung gestatten könne oder nicht – wir können uns aber auch von ihrem überpersönlichen Gehalt berühren und überzeugen lassen, so daß wir diesen Bildern weiter nachgehen, wie es die Gestalterin der Schildkrötenbilder auf ihre Art getan hat. Das können wir als einzelne tun, aber auch als Gruppe. So fand sich kürzlich eine Gruppe von etwa 20 Leuten zusammen, um den Traum von der Schildkröte weiterzubedenken und die dort aufgetauchten Bilder zu imaginieren, also jeweils selber ein Bild von der Schildkröte aufsteigen zu lassen. Einige ließen sich's nicht nehmen, diese Schildkröte zu malen. Sie ließen die Bilderfolge dieses Traumes vor ihrem inneren Auge aufsteigen, die sich dann in jedem von ihnen ganz individuell weiterentwickeln konnte. Schließlich teilten wir einander die individuellen Bilder mit und teilten damit auch unsere Besorgnis über den Zustand der Erde, zugleich aber auch die Gefühle der Identifikation mit der Schildkröte und die kühne Hoffnung auf eine mögliche Wandlung aus den Kräften des Kosmos selbst heraus. Daß wir unsere Angst und unsere Hoffnung angesichts dieser Bedrohung hatten wahrnehmen, teilen und mitteilen können, wurde von allen Teilnehmern dieser Gruppe als befreiend empfunden. Die Bilder gaben der diffus in uns steckenden Angst ein Gesicht, das sich, sobald wir uns damit konfrontierten, sogar verändern konnte.
Gerade bei dem tröstlichen Traum von dem Wasseropfer oder dem Essen von Erde mit dem Bild einer möglichen Erneuerung der Menschen durch ein Opfer erhebt sich die Frage, ob ein meditativ-selbstkritischer Umgang mit solchen Bildern angesichts der realen Gefahr, in der unsere Welt schwebt, genügen kann, ob die

kollektiv betreffende Botschaft dieser Träume nicht konsequent dazu führen müßte, für den Umgang mit solchen Bildern auch öffentliche Konsequenzen und Ausdrucksformen zu finden. In den Träumen selbst sind ja Bilder eines neuen Sichzusammenfindens von Menschen um uralt-neue Symbole und Rituale, wie z. B. das gemeinsame Singen, das gemeinsame Opfern von Schweiß und Tränen, das gemeinsame Trauern oder auch das Essen von Erde angezeigt. In einem Traum, von dem ich in einem anderen Zusammenhang berichtet habe,[5] war es ein Ritual, in dem man eine heilige Schale umschritt, nachdem die «Wilde Anna» aus Empörung über die Ausbeutung der Meere sich erhoben hatte und das Küstenland mit einer ungeheuren Sturmflut bedrohte. Da wurden auch vom Traum Formen von neuen Zeige- und Zeichenhandlungen aufgewiesen – wie sie übrigens auch die Propheten des Alten Testaments schon gestalteten –, die nun in der Tat seit dem letzten Jahrzehnt unter uns wieder aufkommen. Es sind kollektive symbolische Handlungen, die neu unter uns entstehen. Wer hat vor 20 Jahren gewußt, was eine Menschenkette ist! Eine solche entstand nicht nur im süddeutschen Raum, um seinerzeit vor der Aufstellung der Pershing II zu warnen, sondern auch auf den Nordseeinseln, um auf die große Gefährdung der Meere aufmerksam zu machen, eine Menschenkette, die übrigens bis zu den baltischen Ostseestaaten reichte, auch wenn sie nicht ganz lückenlos war. Spontan wurde sie an vielen Orten wieder aufgenommen und weitergeführt.

Solche symbolischen Ausdrucksformen gewaltfreier Art haben starke Erlebnis- und Ausstrahlungswirkung, wie alle Beteiligten berichten. Diese Handlungen und Rituale sind sichtbar gewordene Meditation, öffentliche Meditation, und sollten nicht gegen einen rein innerlichen Umgang mit Träumen und Symbolen ausgespielt werden, wie es leider gelegentlich unter uns geschieht. Welche symbolische Ausdruckskraft und zugleich welche politische Sprengkraft steckt z. B. in den spontan entstandenen Zeichen und Symbolen, die gegen die Zerstörung des Landes durch den Flughafenausbau auf den Feldern um Stuttgart-Plienigen aufgerichtet wurden, von anonymen Gestaltern. Auch dies sind solche frei entstandenen Zeichen und Zeigehandlungen. Es gab da z. B. auch eine «Mantelaktion», bei der zahlreiche Mäntel auf den Feldern ausgebreitet wurden – die Felder wurden geschützt, bekleidet wie Menschen, die Mäntel lagen anstelle von Menschen da –, um zu verhindern, daß dieses überaus fruchtbare Land zerstört und überbaut würde.

Wir dürfen nicht vergessen, daß die großen, auch apokalyptischen Bilder, die aus unseren Träumen aufsteigen, die in uns schlummernde Angst wecken können, auch in dem Sinne, daß sie ihre warnende Funktion erfüllen kann, die ihre wichtigste Funktion für jeden lebenden Organismus ist. Sie alarmiert und weckt damit alle Instinkte der Selbsterhaltung. Es gibt ja auch eine «Apokalypseblindheit» unter uns, das Wort stammt von Günter Anders, die die Zeichen drohender Gefahr kurzerhand nicht wahrnehmen will, die sich damit aber auch um alle Möglichkeiten verantwortlichen Umgangs mit der Gefahr bringt. In den Träumen, die wir betrachtet haben, steckte demgegenüber ein Gefühl der Gemeinsamkeit, der Zusammengehörigkeit unter der Bedrohung, auch die Aufforderung und Herausforderung zum gemeinsamen Handeln gegen die Gefahr. So kann beim Umgang mit solchen Bildern ein Gefühl für die gemeinsame Betroffenheit, ein Gefühl liebender Solidarität mit allem Lebendigen auf dieser Erde aufkommen. Ich finde es sehr wichtig, daß wir uns nicht nur aus moralischen Gründen für das Leben auf der Erde einsetzen, sondern zu allererst aus emotionalen Gründen, weil unsere Liebe zu den Lebewesen aufwacht, vielleicht gerade bei dem Gefühl, wie gefährdet sie sind. Brauchten uns nicht die Tiere, die Fische und die Vögel, die Ente z. B., die ihre acht Jungen in den vier Wochen, in denen ich hier am Seeufer bin, eindrucksvoll vor allen Gefahren beschützt, durch alle Gefahren hindurchgebracht hat? Sollen sie nun demnächst am vergifteten Wasser, an der vergifteten Luft zugrundegehen? Braucht uns nicht der Nußbaum, der in diesem Jahr so reich angesetzt hat, dessen Blätter besonders groß geworden sind, vielleicht um sich selbst und uns den Schatten zu erhalten angesichts der gefährlicher gewordenen Sonneneinstrahlung, der großen Hitze, den ersten Folgen der Klimaveränderung? Er ist mir so lieb wie wichtig geworden in diesen Sommerwochen. Braucht uns nicht ein ganzer Fluß, wie z. B. der Rhein, der unverdrossen dabei ist, nach so gefährlichen Chemieunfällen wie dem in der Schweizerhalle von Basel sich wieder zu regenerieren, so daß er nun doch biologisch wieder aufersteht, so daß nun doch schon wieder Fische in ihm leben, auch wenn man ihm das erst in Jahrzehnten wieder zugetraut hätte?

Brauchen uns nicht unsere eigenen Kinder, die nicht in geschlossenen Räumen spielen und lernen wollen, z. B. bei einem künstlich angepflanzten Wald im Schulgebäude, wie es die Kinder aus der Umgebung von Tschernobyl bereits tun müssen?

Wieviel Druck muß eigentlich auf unsere Wirtschaft, auf unsere Politik ausgeübt werden – und wie müßte dieser Druck ausgeübt werden, wenn die symbolische Demonstration Tausender von Menschen nicht genügt –, bis wirklich die Ökologie die Priorität gewinnt, die sie vor allen anderen Interessen beanspruchen darf? Geht es doch schließlich um nichts Geringeres als um das Überleben! Nicht als zynisches Gegenargument, daß es doch vielleicht gar nicht so schlimm sei wie angenommen, sondern als letzte Hoffnung aus einem tieferen Reservoir menschlichen Wissens geschöpft, das uns der Verzweiflung widerstehen läßt, ist vielleicht jene Hoffnung auf die Regenerationskräfte des Kosmos zu sehen, die uns der Schildkrötentraum vermittelt. Dazu fällt mir immerhin eine wissenschaftliche Untersuchung ein (von der die Wissenschaftsseite der Frankfurter Rundschau kürzlich berichtete), die erbracht haben soll, daß die erhöhte energetische Tätigkeit auf der Sonne, die sich in der Vermehrung der Sonnenflecken äußert, zugleich die neue Ozonbildung in den Schichten unserer Atmosphäre anregt, in denen das Ozonloch entstanden ist: Ein Kommentar aus dem Kosmos selbst zu unserem Traum?

Anmerkungen

Philippe Dätwyler, Die Bombe in uns

1 Siehe *John Naisbitt, Patricia Aburdene:* Megatrends 2000. Zehn Perspektiven für den Weg ins nächste Jahrtausend, Düsseldorf 1990
2 Siehe: *Francis Fukuyama:* Das Ende der Geschichte, deutsch in: Europäische Rundschau Nr. 4, 1989
3 *Dieter Senghaas:* Europa 2000. Ein Friedensplan, Frankfurt a. M. 1990, S. 93 f.
4 Zitat aus: Der Riß. Portrait des jüdischen Malers Jörg Shimon Schuldhess, Dokumentarfilm von *Philippe Dätwyler,* Schweizer Fernsehen DRS 1987
5 Aus: Trickster, Nr. 14, 1985, S. 49
6 Siehe: *Günther Anders* antwortet. Interviews & Erklärungen, hg. von Elke Schubert, Berlin 1987, S. 42
7 *Günther Anders:* Die Antiquiertheit des Menschen. Über die Seele im Zeitalter der zweiten industriellen Revolution, München ^{7}1977, S. 307
8 Ebd., S. 269
9 Siehe: *Günther Anders* antwortet. Interwiews & Erklärungen, hg. von Elke Schubert, Berlin 1987, S. 53
10 *Hermann Lübbe,* Politischer Moralismus. Der Triumph der Gesinnung über die Urteilskraft, Berlin 1987, S. 89
11 *Otto F. Walter / Silja Walter:* Eine Insel finden. Gespräch, Zürich 1983, S. 61 f.
12 *Walter Winkler,* in: Die Weltwoche, 8. 11. 1983
13 *Ulrich Horstmann:* Das Untier. Konturen einer Philosophie der Menschenflucht, Wien 1983, S. 8

14 Vgl. *Thomas Merton:* Gewaltlosigkeit. Eine Alternative, Zürich 1986, S. 7 ff.

15 Siehe: Schwarzer Himmel, Auswirkungen eines Atomkrieges auf Klima und globale Umwelt. Die neuesten Forschungsergebnisse von mehr als 300 Wissenschaftlern aus 30 Ländern, hg. von Paul J. Crutzen/Jürgen Hahn, Frankfurt a. M. 1986

16 *Wolfgang Giegerich:* Die Atombombe als seelische Wirklichkeit. Versuch über den Geist des christlichen Abendlandes, Zürich 1988

17 Vgl. *Klaus Theweleit:* Männerphantasien, Männerkörper – zur Psychoanalyse des weißen Terrors, Hamburg 1980, S. 144 ff.

18 *Roger Mabillard,* in: Tages-Anzeiger vom 7. 8. 1985

19 Zusammenfassung in: Friedenspolitik Nr. 47, Sept. 1988

20 *Horst Eberhard Richter:* Der Gotteskomplex. Die Geburt und die Krise des Glaubens an die Allmacht des Menschen, Hamburg 1979

21 *Hoimar v. Ditfurth:* So laßt uns denn ein Apfelbäumchen pflanzen. Es ist soweit, Hamburg 1985

22 Seit jenem Tag. Hiroshima und Nagasaki in der japanischen Literatur, hg. von Ito Narihiko u. a., Frankfurt a. M. 1984

23 *Robert Jungk:* Heller als tausend Sonnen. Das Schicksal der Atomforscher, Hamburg 1964, S. 186 f.

24 Vgl. *Rudolf Kaiser:* Gott schläft im Stein. Indianische und abendländische Weltansichten im Widerstreit, München 1990

25 *Carolyn Merchant:* Der Tod der Natur. Ökologie, Frauen und neuzeitliche Naturwissenschaft, München 1987

26 Vgl. *Erich Fromm:* Analytische Charaktertheorie, GA Bd. II, Stuttgart 1980, S. 179 ff.

27 *Hans Jonas:* Das Prinzip Verantwortung. Versuch einer Ethik für die technologische Zivilisation, Frankfurt a. M. 1979, S. 57

28 *Daisetz Teitaro Suzuki,* in: Zen-Buddhismus und Psychoanalyse, Frankfurt a. M. 1972, S. 11 f.

29 Siehe *Franz von Assisi,* Fioretti, Zürich 1979, S. 123 ff.

30 Vgl. *Albert Schweitzer:* Die Ehrfurcht vor dem Leben. Grundtexte aus fünf Jahrzehnten, München ^{4}1984

31 *Jörg Bopp,* in: Publik-Forum, Nr. 4, 1988

Erhard Eppler, Die Macht des neuen Bewußtseins

1 *Horst Sindermann,* in: DER SPIEGEL, NR. 19, 1990, S. 53 ff.
2 *Global 2000.* Der Bericht an den Präsidenten, 1980
3 *Brundtland,* Gro Harlem u. a.: Our Common Future, Oxford/New York 1987
4 *Ulrich Beck:* Die Risikogesellschaft, Suhrkamp 1986
5 *Carl Friedrich Weizsäcker:* Die Zeit drängt. Eine Weltversammlung der Christen für Gerechtigkeit, Frieden und Bewahrung, Hanser 1987

Ingrid Riedel, Die Wandlungen einer Schildkröte

1 *Ingeborg Bachmann,* aus: «Böhmen liegt am Meer», in: Werke I: Gedichte, hg. v. Christine Koschel, Inge v. Weidenbaum, Clemens Münster, Piper, München 1984, S. 167
2 In: *Pflüger* (Hg.): Wendepunkte Erde, Frau, Gott. Am Anfang eines neuen Zeitalters; Beitrag Ingrid Riedel, Wandlungen der Schwarzen Frau, Walter ²1988, S. 108
3 Siehe hierzu: *Ingrid Riedel:* Marc Chagalls Grüner Christus. Ein ganzheitliches Gottesbild – Wiederentdeckung der weiblichen Aspekte Gottes, Walter ³1988
4 *Rose Ausländer:* Mein Atem heißt jetzt. Gedichte, Fischer 1981, S. 137
5 In: Not-Wendigkeiten, hg. v. *Philippe Dätwyler,* Arche 1985, S. 57 f.

Bildnachweis

Bild 1: Jörg Shimon Schuldhess, «Der Fall des Rabbi», 1985, Aquarell 56,5 × 45,6 cm
Bild 2: Jörg Shimon Schuldhess, «Die rote Blume ist im blutenden Himmel gestorben», 1989, Aquarell 45 × 65 cm
Bild 3: Jörg Shimon Schuldhess, «Reinkarnalaphant», 1989, Öl auf Holz 80 × 56 cm
Bild 4: Jörg Shimon Schuldhess, «Die Missionare», 1990, Öl 65,5 × 104,5 cm
Bild 5: Pershing-II-Mittelstreckenrakete, aus: Hubertus Hoffmann, Atomkrieg – Atomfrieden, Bernhard & Graefe, München 1980
Bild 6: Französische Mittelstreckenrakete, aus: ebd.
Bild 7: Erste Atombombenexplosion, aus: Peter Goodchild, J. Robert Oppenheimer. Eine Bildbiographie, Birkhäuser, Basel, S. 168
Bild 8: Die weibliche Weltseele («anima mundi»), aus: C. G. Jung, Psychologie und Alchemie, Ges. Werke 12, Abb. 8

60,–

Ingrid Riedel

Marc Chagalls Grüner Christus

Ein ganzheitliches Gottesbild – Wiederentdeckung der weiblichen Aspekte Gottes

Kartoniert, 119 Seiten, 3. Auflage 1988

Ingrid Riedel legt hier eine tiefenpsychologische Interpretation der Chagall-Fenster im Fraumünster von Zürich vor. Was Psychologie, Theologie und Frauenbewegung aufzuweisen suchen, ist bei Marc Chagall bereits vorhanden: die Wiederentdeckung der weiblichen Aspekte Gottes.

«Dieses Buch – geöffnet zur Tradition, offen für die Wandlungen der Tradition im Zusammenhang mit dem Gottesbild – regt an und macht nachdenklich.
Die Autorin weist schlüssig nach, daß die Symbole der Natur und des Weiblichen in den Darstellungen von Chagall wieder in die patriarchale Religion hereingeholt werden und diese dadurch verändern.»

Verena Kast

Walter-Verlag